TRINITY

Jana Haas

Das Geheimnis
einer erfüllten
Partnerschaft

Chancen erkennen und leben

TRINITY

MIX
Papier aus verantwor-
tungsvollen Quellen
FSC
www.fsc.org
FSC® C014889

1. Auflage
Originalausgabe
© 2016 Trinity Verlag in der Scorpio Verlag
GmbH & Co. KG, München
Umschlaggestaltung: Guter Punkt, München,
unter Verwendung eines Motivs von © Wynrich Zlomke
Satz: BuchHaus Robert Gigler, München
Druck und Bindung: Pustet, Regensburg
ISBN 978-3-95550-162-4
www.trinity-verlag.de

Für eine erfüllte Partnerschaft sind konsequente Eigenliebe, gegenseitiges Verständnis und Kommunikationsfähigkeit unabdingbar.

Inhalt

Vorwort

Dieses Buch ist für Menschen geschrieben, die auf der Suche nach einer heilsamen und erfüllenden Beziehung sind, für Menschen, die vor einer Trennung stehen oder die schon eine Trennung vollzogen haben und darüber nicht hinwegkommen. Dieses Buch ist auch geschrieben für Menschen, die sich in einer Partnerschaft befinden, darin aber nicht die Befriedigung finden, die sie sich wünschen, und unterschwellig Trennungsabsichten hegen, oder sie haben sich in einer langweiligen Zweckgemeinschaft mit dem »gemütlichen Elend« abgefunden.

Viele akzeptieren ihre innere Leere, ihre Unzufriedenheit und Langeweile, weil sie sie über Generationen so von den Vorfahren erlebt und übernommen haben. Viele suchen eine Beziehung, um nicht allein zu sein, finden dann auch meist den Partner mit den gleichen Emotionen, was oftmals zur Folge hat, dass zwei Menschen mit gebremsten Emotionen zusammenkommen und eine Beziehung eingehen, die eher einer melancholischen Zweckgemeinschaft entspricht als einer wahren Liebesbeziehung. Denn dann erwartet jeder unterschwellig von dem anderen, er möge ihm seine schwermütige Lebensbetrachtung mit Licht, Glück und Liebe verzieren.

Früher haben solche Lebensgemeinschaften noch funktioniert. In einer Zeit, in der die Möglichkeiten der Trennung begrenzter waren und die Rollenverteilung der Geschlechter noch starr festgelegt, standen in einer Ehe- und Familienbeziehung andere Aspekte im Vordergrund, wie etwa die Versorgung.

Heute leben wir in einem anderen Zeitalter, dem Zeitalter des erwachenden und wachsenden Bewusstseins. Wir leben in einer Zeit der Emanzipation und veränderter Rollenverteilung. Eine schier unüberschaubare Zahl an Möglichkeiten der Berufsfindung, der Unterhaltung, des Vergnügens wie auch des Findens eines Partners ist vorhanden. Und trotz dieser Überfülle an Alternativen scheint der Mensch nicht ausgeglichener und glücklicher zu sein, weder in sich noch in seinen Beziehungen.

Zu viele Menschen finden keine Erfüllung in ihrem eigenen Leben und erkennen nicht das Wunder an, von einem Menschen Liebe erfahren zu dürfen. Zu viele gestalten ihr Leben in Sorgen und Angst, mit Druck und viel Anstrengung. Wir haben unser Bewusstsein und unsere Sinne verschlossen gegenüber der geistigen Anbindung, der Kraft unseres Herzens und der Liebe. So leben wir ein alltägliches Leben ohne Ehrfurcht, mit wenig Begeisterung, wenig Achtsamkeit, wenig Genuss und viel zu wenig Liebe.

In jedem von uns schlägt ein Herz, das lieben möchte, zunächst uns selbst. Da uns dies nicht immer bewusst ist, suchen wir die Liebe oder das, was wir dafür halten, im Außen, in einem Partner. Doch solange es dem Menschen nicht gelingt, das eigene Herz, das vor langer Zeit, meist bereits in den Kindertagen, verletzt und verschlossen wurde, wieder zu öffnen, wird er auf der dauerhaften Suche nach Erfüllung, Glück und Zufriedenheit sein. Und solange er sein Herz verschlossen hat, kann er nicht in Achtsamkeit sein Leben gestalten und in Liebe, Dankbarkeit und Respekt eine Beziehung führen. Denn mit verschlossenem Herzen weiß der Mensch nicht wirklich, wer er ist, und somit auch nicht, was er tut. Erst wenn wir uns selbst verstehen und annehmen, wenn wir uns akzeptieren, wie wir sind, wenn wir uns lieben bis in die kleinste Zelle unseres Körpers und unser Handeln wertschätzen, erst dann sind wir in der Lage, mit einem anderen Menschen gemeinsam einen lichtvollen Weg durch das Leben zu gehen. Denn solange man keine intensive Liebesbeziehung zu sich selbst hat, kann man auch keine mit einem anderen Menschen pflegen.

Ich wünsche allen Lesern, dass dieses Buch eine Hilfe für sie selbst und für eine heilsame und erfüllende Partnerschaft ist und dass es hilft, die Leere im Inneren zu füllen. Die Leere in uns können nur wir selbst füllen, dafür müssen wir für unser Innenleben, für unsere Gefühle, Sehnsüchte und unser Glück selbst die Verantwortung übernehmen und entsprechend handeln.

Einleitung

Der eigentliche und tiefe Sinn unseres Seins in den unzähligen, sich wiederholenden Inkarnationen ist die stetige Entwicklung der Seele hin zu Weisheit und bewertungsfreier All-Liebe. »Man sieht nur mit dem Herzen gut«, und die Herzenssprache ist an die Eigenliebe gekoppelt.

Ich halte es für wichtig – gerade in der heutigen Zeit des erwachenden Bewusstseins, in der uns die Seelenkräfte wie niemals zuvor zur Verfügung stehen –, dass wir uns mit dem Thema Liebe, Verliebtheit, Begierde, Erotik, Partnerschaft und Selbstliebe bewusst auseinandersetzen.

Unter dem Begriff »Liebe« wird jeder etwas anderes verstehen. Man findet in den verschiedenen alten Kulturen viele Beschreibungen und Unterscheidungen. Zu allen Zeiten haben sich Philosophen und Religionen, später auch Psychologen und Soziologen, mit dem Thema Liebe beschäftigt, und sie haben viele Formen der Liebe postuliert.

Eine ursprüngliche abendländische Einteilung der Liebe, die auf der Dreiteilung von Platon basiert und in der Philosophie der Antike weiter ausgebaut wurde, lautet:

➤ EROS = Sinnlichkeit; erotische Liebe; Leidenschaft; Begierde und Wunsch, das geliebte Objekt zu besitzen; Wunsch nach Geliebtwerden.

➤ PHILIA = Liebe, die auf Gegenseitigkeit beruht; Freundesliebe; beidseitiges Verstehen und beidseitige Anerkennung.

➤ AGAPE = Selbstlose Liebe (das Wohl des Anderen steht im Vordergrund); Nächstenliebe.

Bis zur heutigen Zeit wurden diese Grundformen der Liebe immer weiter unterteilt, und es kamen neue dazu.

In den monotheistischen Kulturen (Monotheismus = der Glaube an einen einzigen Gott) kam noch die Gottesliebe hinzu; die Liebe Gottes zu seiner Schöpfung und insbesondere zum Menschen.

Die All-Liebe oder universelle Liebe ist nicht an ein Objekt gebunden. Hier wird Liebe als bedingungsloses »Herzöffnen« verstanden. Wenn sie dann noch dauerhaft vollständig urteilsfrei vollzogen wird, entspricht sie dem Ziel des Lebenssinns.

Was immer wir individuell unter dem Begriff Liebe verstehen, wir werden sie niemals in ihrer wundervollsten Form begreifen und erfahren können, wenn wir nicht uns selbst als den Mittelpunkt unseres individuellen Kosmos erkennen. Dafür müssen wir begreifen, dass wir im Ursprung geistige Wesen sind und hier auf der Erde inkarniert sind, um uns über die Materie und den Austausch mit den Mitmenschen wahrzunehmen.

Denn wir können im Himmel die schönste Seele, das schönste Licht sein, aber wir können uns dort nicht wahrnehmen. Um in unserer seelischen und geistigen Entwicklung weiterzukommen, inkarnieren wir von Zeit zu Zeit auf dieser Erde. Was wir uns noch im Jenseits als Entwicklungsschritte für unser persönliches Vorankommen in diesem Leben vorgenommen haben, haben wir in einem Seelenplan festgelegt (was der Seelenplan ist, habe ich ausführlich in meinem Buch *Der Seelenplan – Was unser Schicksal bestimmt* beschrieben). Der Seelenplan beinhaltet unsere individuellen Themen für dieses Leben, während der Lebenssinn für alle Menschen gleich ist: Er liegt in der Weiterentwicklung hin zur bewertungs- und verurteilungsfreien, allumfassenden Liebe. Wir sind also in allererster Linie hier auf dieser Erde, um uns selbst wahrzunehmen und in der Erfüllung unseres Seelenplans und unseres Lebenssinns voranzukommen. Wir sind nicht angetreten, um anderen Menschen zu gefallen oder ihnen das Leben zu erleichtern beziehungsweise ihnen zu dienen. Selbstverständlich werden wir uns aus unserem christlichen Verständnis von Nächstenliebe da liebevoll und helfend einsetzen, wo unsere Hilfe benötigt wird. Tatsächlich sind wir aber für uns selbst, für unsere eigene Wahrnehmung und Entwicklung hier auf dieser Erde inkarniert.

Somit sollte es eigentlich selbstverständlich sein, dass wir uns selbst als den für uns wichtigsten Menschen auf dieser Welt betrachten. Die Liebe können wir nur in uns selbst finden und niemals im Außen. Wir können zwar die Liebe, die uns von einem anderen Menschen zuteilwird, in uns hineinlassen, unser Herz öffnen und eine bedingungslose Liebe erleben. Doch wir können Liebe nur in dem Maße erleben, wie sie in uns selbst vorhanden ist.

Eine Liebe ist dann erfüllt und grenzenlos, wenn sie als wunderbare Resonanz zu der in uns selbst angelegten und vorhandenen Liebe erfahren wird.

Wahre Liebe ist formlos, erfüllend, freilassend und schafft Geborgenheit.

Die Angst, als Gegenspieler der Liebe, braucht dagegen Kontrolle, Zwang und Begrenzung, da diese vermeintlich Sicherheit schaffen, die Illusion, dass das Leben planbar sei und Risiken ferngehalten werden könnten. Das Leben soll zwar auch Freude bringen, aber nur so weit, dass man es berechnen kann. Vor allem sind es die Erlebnisse unserer Kindheit, die das Bild unserer Welt prägen. Besonders eine frühe Traumatisierung – Vernachlässigung, seelische und körperliche Gewalt, sexueller Missbrauch – kann das Selbsterleben in einer Partnerschaft massiv beeinträchtigen. Zum Beispiel kann sich dadurch eine narzisstische Störung bilden, bei der der Mensch sich selbst überhöht. Er kann dann sein Gegenüber nicht mehr als eigenständige Person mit eigenen Bedürfnissen und Wünschen anerkennen. Für ihn stehen in der Beziehung die eigenen Bedürfnisse und Wünsche im Vordergrund.

Viele Menschen fordern von ihrem Partner, er solle sich in seinen Werten und Ansichten an sie anpassen. Sie glauben, dass damit einem wunderbaren, harmonischen und liebevollen Zusammenleben nichts mehr im Wege stehe, wenn der andere nur dazu bereit wäre. Hierbei handelt es sich um ein kontrollbehaftetes und bedürftiges Harmoniestreben zu einseitigen Bedingungen.

Dem gegenüber steht die Betrachtung allen Seins aus dem liebevollen und vertrauensvollen Herzen aus der eigenen Selbstliebe heraus. Wir können die Welt in uns und um uns herum nur verändern, wenn wir auf jegliche Form der Bewertung unseres Gegenübers verzichten und jeden Menschen liebevoll als individuellen Kosmos in seinem So-Sein akzeptieren. Dann kann unser Herz sich öffnen und sich auf die Liebe einlassen.

In unserer Kultur, in der der Glaube an die Materie den spirituellen Zugang mehr und mehr verdrängt hat, sind Liebe und Partnerschaft anspruchsvoll geworden. Beziehungen sind nicht mehr eingebunden in alte Normen und Zwänge. Liebespartner sind heute leicht austauschbar, und diese neue Freiheit, quasi die Hintertür für den Ausstieg, schwebt in vielen Köpfen. Man ist nur dann bereit zusammenzubleiben, wenn in der Beziehung alles funktioniert und man nur Vorteile daraus ziehen kann. Der Sozialstaat fängt uns auf und sichert unser Überleben. Die früheren Zeiten, noch bis vor 50 oder 70 Jahren, waren von Mangel geprägt. Die Familienbindung war überlebensnotwendig, und kaum jemand kam auf den Gedanken, ein Leben ließe sich nach eigenen Plänen und Wünschen gestalten. Es bedeutete nicht wie heute, ständig nach Neuem, nach etwas Bestimmtem, das mehr Freude bringen soll, zu suchen, sondern aus dem Gegebenen und Vorhandenen zu wählen.

Wir sollten auch begreifen, dass jeder Mensch eine verborgene Sehnsucht in sich trägt. Es ist die Sehnsucht nach seinem geistigen Ursprung, die nur über die geistige Anbindung gestillt werden kann. Hätten die Menschen diese Sehnsucht nicht, so wären sie nicht auf der Suche, denn sie ist im Ursprung für die Religio, also die geistige Rückbesinnung, zuständig. In unserer monogamen Kultur hat sich nun ein fataler Trugschluss eingeschlichen, nämlich der Glaube, dass diese tiefe Sehnsucht von einem Partner befriedigt werden könne.

Eine gesunde Eigenliebe (hier ist selbstverständlich nicht der falsche Egoismus oder Narzissmus gemeint) und das Wissen über Gott, die Schöpfung und den tiefen Sinn unseres Erdendaseins sowie die innere Verbundenheit mit der geistigen Welt können so etwas verhindern.

Wenn die Menschen lernen, rigoros nach ihrer Eigenliebe zu streben, was manchen schmerzhaften Prozess erfordern kann; wenn sie sich selbst als den Mittelpunkt ihres Lebens sehen und das Gleiche dem Partner, den Kindern, Eltern und Mitmenschen zugestehen; wenn sie begreifen, dass es so viele individuelle Standpunkte und Betrachtungsweisen gibt, wie es Menschen auf der Erde gibt, dann können sie frei und verständnisvoll miteinander umgehen und fühlen sich nicht zurückgedrängt oder verletzt.

Über die Liebe zu uns selbst erwacht die Liebe zur Schöpfung und zu den Mitmenschen.

Die Partnerschaft wird zu einer wunderbaren Resonanz der Liebenden auf ihre jeweils in jedem Einzelnen vorhandene Liebe.

Schenken und erlauben wir uns selbst immer mehr Liebe und Wertschätzung, gehen wir über unsere Liebe in Resonanz mit der Liebe des Anderen und erschaffen uns so eine liebevolle Welt – damit werden wir unserem Lebenssinn gerecht.

Die Überflussgesellschaft und ihr Einfluss auf unsere Beziehungen

Wir befinden uns inmitten des Kommunikations- und Computerzeitalters. Unser Alltag wird bestimmt von Handys, Smartphones und Tablets. Alles ist mit allem vernetzt und fast jeder jederzeit erreichbar. Dies hat seine eigene Dynamik, die Abläufe werden schneller, und die Hektik in allem nimmt zu. Die Medien sorgen für unsere Unterhaltung und gaukeln uns eine fantastische Welt vor, die unsere Begierden anregt. Wir leben in einer Welt, in der sich jeder jeden halbwegs normalen Wunsch erfüllen kann. Die Supermärkte und Online-Shops sind übervoll mit einer gigantischen Auswahl an Waren. Wir gewöhnen uns schnell an die Überfülle, und unsere Wünsche nehmen entsprechend zu, da auch jeder Wunsch wiederum einen anderen Wunsch nach sich zieht. In dieser Reizüberflutung vergessen wir schnell, welches Glück und welche Güter wir längst besitzen und wie viele Wünsche schon in Erfüllung gingen. Wir leben in einer kindlichen Wunsch- und Fantasiewelt, in einem Schlaraffenland des Überangebots und Überflusses. Alles Erdenkliche wird uns geboten, und wir unterliegen schnell der Illusion, man könne alles bekommen; alles sei machbar und erreichbar.

Der Partner als Ware. Wir meinen nun auch, leicht einen Partner zu finden. Unzählige Partnerbörsen und Portale überfluten uns mit einer Vielzahl hübscher und attraktiver Menschen beiderlei Geschlechts, die scheinbar alle auf Partnersuche sind. Dies suggeriert uns einen riesigen Markt an idealen Partnern auf allen Ebenen; wir müssen nur aktiv werden, um den Partner mit den für uns perfekten Eigenschaften zu bekommen. So sind wir unterschwellig voller Gier, das Beste, Schönste und absolut Perfekte für uns zu erhaschen, sowohl in materiellen Gütern wie auch bei der Partnersuche. Beim Begehren handelt es sich um eine zentrifugale, das heißt eine nach außen gerichtete Kraft, und Begehren ist Ausdruck des Willens. Wir begehren etwas, handeln und empfinden Befriedigung, wenn unser Wille in Erfüllung geht. Bei der Liebe dagegen handelt es sich um eine zentripetale, also eine nach innen gerichtete Kraft. Sie ist dem Begehren entgegengesetzt und ist keine Funktion des Willens. Sie öffnet unser Herz, um das Geliebte in uns einzulassen. Gier und Besitzwunsch sind also Gegenspieler der partnerschaftlichen Liebe, sie schwächen sie, und sie beanspruchen Kontrolle.

Die Suche nach dem idealen Partner. Dies bleibt selbstverständlich nicht ohne Folgen für die Partnersuche wie auch für bestehende Partnerschaften. So wie jeder eine Vorstellung davon hat, wie er seine Wohnung einrichten will oder welchen Kleidungsstil er mag, so existiert auch eine Vorstellung, welche Kriterien der ideale Partner zu erfüllen habe. Welche Eigenschaften man selbst einbringt, ist dabei den wenigsten bewusst und tritt in den Hintergrund. Wir selbst wollen von unserem Gegenüber keiner so anspruchsvollen Prüfung unterzogen werden, wie wir sie oft beim anderen anwenden. Wir werden weder die Liebe noch den Partner und auch nicht das Menschsein in seiner wundervollen Gänze erfahren, wenn wir unser Gegenüber nur aus der Warte unserer Bedürfnisse betrachten. Ein Mensch lässt sich nicht konsumieren und auch nicht kontrollieren, doch wir können ihm ebenbürtig und in Liebe begegnen.

Der reale Partner. Ein Partner ist kein Gegenstand, der sich in passender Form, Farbe, Stilrichtung usw. erwerben und beliebig austauschen lässt, sondern ein Wesen mit ganz eigenen Emotionen, Vorstellungen, Träumen, Sehnsüchten, Wünschen, Fantasien und auch Verletzlichkeiten. Nur auf dem Nährboden der Akzeptanz dieser Individualität, dieser Einzigartigkeit, Unterschiedlichkeit und auch Fremdheit kann gegenseitige Liebe wachsen und gedeihen. Ein Rest an Geheimnis erhält das gegenseitige Interesse, und eine gewisse Ungewissheit und Überraschungen sind ein starker Antrieb für eine gute Beziehung und für die Liebe, während dagegen ein für Überraschungen geschlossenes Sicherheitsdenken steril und abtötend wirkt. Ein Leben in hundertprozentiger Sicherheit und hundertprozentiger Harmonie wäre hundertprozentig langweilig.

Eine Beziehung besteht immer aus Kompromissen, und für eine gute Partnerschaft ist die Erkenntnis wichtig, dass man in einem Bereich nachgibt und in einem anderen Bereich den Partner nachgeben lässt. Das kann aber nur funktionieren, wenn beide anerkennen, dass jeder Partner ein Recht darauf hat, die Dinge grundsätzlich anders wahrzunehmen, und wenn jeder der Partner auch verstanden hat, dass das Gegensätzliche nicht gegen die Beziehung spricht, sondern sie bereichern kann.

Die Illusion »besserer Partner«. Da sich in der heutigen Zeit Partnerschaften viel leichter als früher auflösen lassen, kann sich eine unterschwellige Bereitschaft einschleichen, eine Beziehung immer wieder zu hinterfragen mit der Vorstellung, sie gegen eine vermeintlich bessere einzutauschen. Nach dem Motto: Vielleicht erwartet mich ja irgendwo und irgendwann eine noch größere Erfüllung mit einem neuen Partner, der dann viel besser zu mir passt und mehr auf meine Belange eingeht.

Eine solche Einstellung wird der Partner spüren. Auch wenn er die Irritation nicht deutlich definieren kann, so wird sie doch das gemeinsame Miteinander unterschwellig belasten, und er wird unruhig, gestresst und negativ reagieren, was die Beziehung zusätzlich schwächt und den vorhandenen Zweifel nährt. Die Grundlage des Problems dürfte sein, dass kein Mensch eigentlich weiß, was wahre Liebe und wahres Glück wirklich ist.

Besinnung auf Eigenverantwortung. Wenn wir uns auf unsere Tugenden und vor allem auf unsere Eigenliebe besinnen und erkennen, dass jeder selbst für sein Leben Verantwortung trägt und wir nicht vom Partner erwarten können, dass er für unser Wohl, unsere Zufriedenheit und unser Glück verantwortlich ist, dann können wir die Zweifel beiseitelassen, und wir können uns auf uns, auf das Leben und unseren Partner ohne Fluchtgedanken einlassen. Dies ermöglicht dann die Harmonie, Sicherheit und Wärme einer lebenslangen Verbundenheit.

Das Beispiel einer Seminarteilnehmerin. In einem Seminar bat mich eine Teilnehmerin um einen Rat, nämlich, ob sie ihren Mann verlassen soll, weil sie unzufrieden mit ihm war. Ich erklärte ihr, dass nur sie selbst eine solche Entscheidung treffen könne. Ich war der Meinung, wenn sie bei einer solchen Entscheidung sicher wäre, hätte sie sie schon längst vollzogen. Da diese Frage sie aber beschäftigte, bedeutete es wohl, dass sie noch viel aus der Beziehung heraus verstehen, lernen und heilen kann.

Von meiner Antwort war sie nicht begeistert. Ihr wäre es lieber gewesen, ihrer Familie mitzuteilen, sie habe von einer spirituellen Lehrerin oder gar von der geistigen Welt erfahren, dass sie sich aus der Beziehung lösen müsse. Vielleicht mit dem Hintergedanken, dass der Partner aufwacht und dann nach ihren Vorstellungen funktioniert. Doch eine solche Entscheidung und damit Verantwortung jemand anderem zu übertragen, ist keine Lösung, denn die Konsequenzen hat man selbst zu tragen. Es ist auch keine Lösung, sich selbst in der Partnerschaft als den Guten und den Partner als den Negativen zu präsentieren, der einen vermeintlich nicht versteht und sich nicht so verhält, wie man es sich vorstellt. Es gibt nicht den einen als Opfer und den anderen als Täter, es sind immer zwei beteiligt.

Ich habe ihr empfohlen, die Fragen »Was soll ich tun? Soll ich den Partner verlassen?« zu verändern in die Fragen »Wie will ich mich fühlen? In welcher Lebensqualität will ich leben? Wie bringe ich mich in meine Beziehungen ein?«. Denn problembehaftete Fragen beginnen immer mit »was«, und ein lösungsorientiertes Denken fängt an mit »wie«!

Ich habe ihr erklärt, dass eine Partnerschaft erst erblühen kann, wenn man zu der Beziehung zum Partner ein hundertprozentiges »Ja« fühlt. Denn der Partner spürt immer, ob der andere an der Partnerschaft zweifelt und was er über seinen Partner denkt! Solche Zweifel können ihn bewusst oder unbewusst unruhig und unzufrieden machen, Missverständnisse verursachen, und das führt zu Konflikten. Unter diesen Umständen kann eine Beziehung sich nur abwärts entwickeln. Jemandem die Schuld für seine Gefühle zu geben scheint auf den ersten Blick bequem, doch wenn wir einem anderen die Schuld geben, geben wir auch die Macht über unsere Befindlichkeit ab. Die Situation entspricht nicht der tatsächlichen Realität, sondern einer subjektiven Fantasiewelt.

Ich gab ihr die Empfehlung, anstatt weiterhin in der Vorstellung einer Täter- und Opferrolle zu verharren, zur Ruhe zu finden und zu beobachten, worauf ihre Verletzungen im Ursprung gründen – und weise zu handeln. Ich empfahl ihr folgendes Gebet, das sie mehrmals täglich mit Inbrunst beten möge:

»Mein lieber Partner, auch wenn wir uns im Moment in einer Krise befinden, so sollst du wissen, dass ich dich liebe und in meinem Herzen trage. Ich bitte um Segen für mich, für dich und für unsere Familie. Möge sich in unserem Leben alles zu unserem Besten entwickeln. Amen.«

So kann sich auf die Frage »Wie will ich leben?« die lösungsorientierte Antwort einstellen: »Ich will so leben, dass alles zum Besten aller Beteiligten ist.« Und die ursprüngliche Frage »Was soll ich tun? Soll ich mich trennen oder soll ich bleiben?« ist dann nicht mehr vordergründig, denn die Dinge können sich zum richtigen Zeitpunkt so entwickeln, wie es für alle Beteiligten am gesündesten ist. Da die Entscheidung über Trennung oder Zusammenbleiben nicht mehr im Vordergrund steht, fällt viel Stress ab. Eine heilsame Entwicklung im Hier und Jetzt kann stattfinden, und der lichtvolle Sinn einer Beziehung kann sich erfüllen. Dies kann auch zu einer für alle stimmigen Trennung führen, die jedoch mit einem heilsamen Reifeprozess einhergeht und unheilsame Wiederholungen in zukünftigen Beziehungen vermeidet.

Dies gibt aber auch genauso dem Weiterbestehen der gegenwärtigen Beziehung eine Chance, bei der dann jedoch mehr die ethischen Werte wie Mitgefühl, Vertrauen und vor allem Eigenverantwortung im Vordergrund stehen werden. Oftmals ist es nicht so bedeutsam, *was* wir machen, sondern *wie* wir es machen!

Die Frau war von meinem Vorschlag zunächst nicht sehr angetan, denn Selbsterkenntnis erfordert viel innere Stärke und eine authentische Persönlichkeit. Doch sie folgte meinem Vorschlag und sprach das Gebet drei Wochen lang innerlich dreimal am Tag. Mit jedem Tag konnte sich ihre Unzufriedenheit mehr in eine innere Sicherheit und Mitgefühl umwandeln, sodass das Unterbewusstsein des Partners sich beruhigen konnte. So konnten sie aufeinander zugehen, sich austauschen und ihre Unzulänglichkeiten klären.

Auch wenn Beziehungen uns immer wieder herausfordern, so können sie uns auch bereichern und uns im Leben durch unsere persönliche Entwicklung und unser Vertrauen voranbringen.

Je mehr wir uns selbst auf Beständigkeit und die Liebe in uns fokussieren, umso weniger werden wir uns in überhöhten und nicht erfüllbaren Erwartungen verstricken und die Oberflächlichkeit und Schnelllebigkeit der heutigen Zeit auf unsere Beziehungen und ethische Beständigkeit abfärben lassen.

Liebe

Liebe und Selbstliebe

Wir können den Anderen nicht lieben, wenn wir nicht uns selbst lieben. Deshalb habe ich in diesem Buch der Selbstliebe viel Raum gegeben. Betrachten wir nun, was Selbstliebe im spirituellen Sinne bedeutet und warum sie so wichtig ist.

Was ist Selbstliebe? Bei der Selbstliebe handelt es sich um einen Bewusstseinszustand, um das Gefühl, ganz im Reinen mit sich zu sein und seine Schwächen und Stärken liebevoll annehmen zu können. Wenn wir uns selbst lieben, sind wir auch in der Lage, die Stärken in unseren Schwächen zu erkennen, denn wenn wir unsere Schwächen akzeptieren, können unsere Stärken wachsen. Im Zustand der Selbstliebe gibt es weder Polarität noch Resonanz und kein Ringen mit den Dingen, man ist im Frieden mit sich und der Welt.

Selbstliebe ist die Voraussetzung für ein erfülltes Leben. Sie bereitet den Weg der Freude und des Friedens. Das Leben bietet uns laufend die Möglichkeit, sie zu kultivieren und zu intensivieren. Liebevolle Achtsamkeit ist der Schlüssel zu Tiefe und Güte in unserem liebevollen Herzen. Wir sollten uns täglich die Zeit nehmen, um zur Ruhe zu kommen und Frieden in uns selbst zu finden. Mal nichts tun, sich selbst spüren, nach innen lauschen, einen inneren Dialog führen, eigenen wahren Bedürfnissen nachgehen und geistige Klarheit pflegen. All dies sind Grundlagen für das Erleben, das Empfinden und das Verstärken der Liebe zu sich selbst. So können wir selbst unser bester Freund werden und gut mit uns selbst umgehen. Wir können mit unseren Gefühlen liebevoller umgehen, uns auch einmal selbst Trost spenden, uns loben und belohnen. Auf diese Weise können wir unsere Gefühle selbstbewusst und freudig gestalten. Somit gestalten wir licht- und liebevoll unser Leben. Durch die liebevolle und achtsame Selbstwahrnehmung wird es für uns ein immer größeres Bedürfnis sein, regelmäßig bewusst zur Ruhe zu kommen, Zeit in uns selbst zu investieren, Zeit mit uns selbst zu verbringen und uns immer besser kennenzulernen und auch intensiver lieben zu können.

Wie können wir Selbstliebe fühlen? Die Liebe zu sich selbst kann man unterschiedlich fühlen. Es kann einem förmlich das Herz aufgehen, und man fühlt sich lichtvoll, frei und stark. Die Herzöffnung sollte sich sanft nach innen vollziehen, keinesfalls nach außen. Man spürt im tiefen Vertrauen: Alles ist in Ordnung, so, wie es ist. Und mit diesem Bewusstsein kann man auch im Außen seine Ansichten vertreten und wirkt dabei immer authentisch. Selbstliebe kann sich wie eine warme Welle auf der Haut anfühlen und alles in uns mit dieser Wärme nähren.

Selbstliebe und Gedanken. Wir sollten stets achtsam unsere Gedanken wahrnehmen. Denn von der Qualität unserer Gedanken hängen unser Glück und die Beschaffenheit unserer Partnerschaft ab. Wir sollten uns selbst niemals abwerten mit Gedanken wie »Ich schaffe es nicht«, »Ich bin zu sensibel« oder »Ich mache alles falsch«. Absolutistische negative Gedanken sind schädlich für unser Selbstwertgefühl, sie erdrücken uns. Sie entsprechen auch nicht der Wahrheit, denn nichts ist absolut; zum Beispiel gibt es keinen Menschen auf der Erde, der tatsächlich alles in seinem Leben falsch gemacht hat. Vielmehr sollten wir uns selbst mit gefühlter Liebe, Dankbarkeit und gelebter Selbstakzeptanz annehmen. Das ist eine Form von gelebter Liebe im Alltag, und der Weg dorthin führt über Achtsamkeit und liebevollen Gleichmut. Gleichmut bedeutet, dass wir uns nicht bewerten und uns nicht mit anderen vergleichen, uns also weder über- noch unterbewerten. Wir sollten uns spüren und lieben, so, wie wir sind, und überhöhte Erwartungen an uns selbst hinunterschrauben. Wir sollten selbst zu demjenigen werden, den wir im tiefsten Empfinden der Liebe in uns spüren. Erkennen, dass wir in Wirklichkeit genau das sind, was auch unsere Herzlichkeit und Liebenswürdigkeit ausmacht. Je weniger wir auf Liebe und Anerkennung von außen angewiesen sind, umso mehr können wir Frieden mit uns selbst schließen und sind authentisch.

In der Liebe zu uns selbst finden wir die Erfüllung unserer wahren Bedürfnisse nach Liebe, Zufriedenheit und Geborgenheit. Sind wir mit unseren Gedanken bei uns, so sind wir von anderen unabhängig. Kreisen unsere Gedanken jedoch vermehrt oder sogar fast immer um andere Menschen, so sind wir in unserem Selbstwertgefühl und unserem Handeln abhängig von deren Reaktionen.

Selbstwertgefühl. Das anhaltende und wahre Selbstwertgefühl hängt weder ab von äußerlicher Attraktivität noch von materiellem Reichtum, weder von Erfolg noch von gesellschaftlicher Position. Denn all dies sind vergängliche Dinge. Ein von Äußerlichkeiten abhängiger Selbstwert entspricht einem oberflächlichen, labilen Selbstwertgefühl. Ein solches Selbstwertgefühl ist somit in verhängnisvoller Weise mit einem unterschwelligen tatsächlichen Empfinden verbunden und auch davon abhängig. Es steht und fällt also mit dem äußeren Erfolg oder Nicht-Erfolg. Der ursprüngliche, innere und authentische Selbstwert, den ich hier meine, existiert dagegen ganz aus sich selbst heraus und ist völlig unabhängig von äußeren weltlichen Leistungen.

Aus diesem Empfinden und Bewusstsein sind wirkliche innere Freiheit und Authentizität möglich, die uns eine innere Sicherheit vermitteln und uns das Vertrauen schenken, dass wir uns auf andere Menschen einlassen können, ohne uns verstellen oder etwas beweisen zu müssen. Diese innere Stabilität steht in direkter proportionaler Verbindung mit der Stabilität in unseren Beziehungen.

In unserer Einzigartigkeit sind wir liebevoll und liebenswert und entsprechen nicht gewissen Vorstellungen, die dann einen Erwartungsdruck erzeugen, dem wir uns durch den Mangel an Selbstliebe oftmals ausliefern. So sollten wir stets bewusst positiv über uns selbst denken und belastende Dinge positiv formulieren. Je weiser und liebevoller wir über uns denken und sprechen, umso ruhiger, klarer, klüger und produktiver werden sich unser Schicksal und unsere Beziehungen gestalten. Diese geistige Achtsamkeit führt auch ganz selbstverständlich nach und nach in die emotionale und physische Achtsamkeit.

Selbstliebe und der Körper. Selbstliebe bedeutet auch, gut mit seinem Körper umzugehen. Im Zustand der Liebe atmet der Mensch grundsätzlich tiefer in den Bauchraum hinein anstatt nur oberflächlich in den Brustraum. Dies ermöglicht ihm eine intensivere Selbstwahrnehmung und somit ein besseres Gefühl für sich selbst. Dadurch geht der Mensch auch intuitiv gut mit sich um und sorgt für sich. Er achtet auf gute Ernährung, Bewegung, Pflege und genügend Schlaf. Daran können wir erkennen, dass das eine das andere auf eine natürliche und ungezwungene Weise nach sich zieht.

Wir sollten uns immer wieder hinsetzen, einige Minuten unserem Atem folgen und währenddessen uns selbst sagen: »Ich bin liebevoll und liebenswert. Ich liebe mich.« Und dies auch spüren. Dann sind wir wieder erfüllt von geistiger Klarheit, herzlicher Liebe und auch physischer Kraft.

Der Mangel an Selbstliebe. Jegliche Suche nach Liebe und Anerkennung im Außen gründet sich immer auf den Mangel an Selbstliebe und Selbstwertschätzung. Je weniger wir uns selbst spüren und lieben, umso mehr entwickeln sich Gefühle wie Einsamkeit und Unfreiheit. Daraus können dann Süchte entstehen. In solchen Fällen versucht der Mensch, den Mangel an Liebe, den er auch als eine emotionale Leere empfindet, anders auszugleichen. Anstatt sich liebevoll nach innen zu orientieren, orientiert er sich unbewusst nach außen. Doch dann identifiziert er sich nicht mehr mit sich selbst, sondern mit äußeren Umständen.

Selbstliebe und Verantwortung. Wir sollen uns klar erkennen und in Achtsamkeit unseren von Gott gegebenen freien Willen nutzen und uns nicht unbewusst für Hektik und Leiden entscheiden. Wir haben die Freiheit, uns für Angst und Hektik oder für Liebe und Güte zu entscheiden, und tragen somit auch die Verantwortung für unsere eigene Befindlichkeit. In Achtsamkeit und Bewusstheit können wir über unser Schöpferpotenzial unser Leben gestalten. Wir sind schöpferische Wesen, und je weniger wir hetzen und beurteilen und je mehr wir einmal innehalten und beobachten, umso mehr kann uns dies bewusst werden und umso glücklicher werden wir sein. Das ist der Weg zur gelebten Selbstliebe und somit zur Erfüllung in der Partnerschaft.

Selbstliebe bedeutet auch, sich für sich Zeit zu nehmen, und das bedeutet wiederum Selbstannahme. Sich Zeit zu nehmen für sich selbst oder es zu lassen ist ebenfalls eine bewusste Entscheidung in unserer Schöpferkraft und hat auch entsprechende Folgen. Dies wiederum spiegelt wider, was es heißt, ein bewusster Schöpfer des eigenen Lebens zu sein. Sich das zu vergegenwärtigen, bedeutet bereits eine Bewusstseinsentfaltung, und dies dann auch liebevoll zu leben führt zu einer Bewusstseinserfahrung.

Unsere wahre Natur ist Liebe. Im wachen Bewusstsein ist es für uns selbstverständlich, dass Selbstliebe ein Weg des Friedens und unsere wahre Natur die Liebe ist. In dieser Kraft können wir gedeihen, vergeben und unsere Beziehungen aus einem neuen, liebevollen Blickwinkel betrachten und allem einen neuen Aufschwung geben. Die Liebe im Inneren sprengt unbewusste Grenzen und erkennt in allem einen lichtvollen Sinn und lichtvolle Lösungen. Dann sind wir auch in der Lage, freudvollen Dingen nachzugehen, unsere innere Balance zu spüren und einfach wir selbst zu sein: ausgeglichen, liebevoll und strahlend.

So sollten wir in unserer Liebe und voller Herzensschönheit stets strahlen und ein gütiges Lächeln im Herzen fühlen wie auch auf den Lippen tragen. Dann bleiben wir achtsam und kraftvoll, weil wir unsere Energie und Kraft stets in uns selbst zentrieren und für uns behalten, anstatt durch Bewerten und Grübeln zu verschwenden. Dann befinden wir uns in herzlicher Intelligenz und können durch Wachheit, Intuition und Inspiration viel mehr im Leben erreichen und dies mit viel mehr Leichtigkeit.

Morgendliche Übung für die Eigenständigkeit und Selbstliebe

Das Erspüren und die Bewahrung der persönlichen Eigenständigkeit und Selbstliebe können wir unter anderem auch üben, indem wir morgens, am besten direkt nach dem Aufstehen, für 15 Minuten innehalten. Wir bitten um Segen für uns und unsere Lieben und segnen auch unseren Tag und gehen ihn mit Freude und Neugierde an. Dabei machen wir nichts anderes, als aus dem Fenster in die Natur zu schauen, dabei unseren Bauch zu beatmen und ganz gegenwärtig zu sein. Währenddessen nehmen wir unseren Atemfluss wahr, spüren unsere vorhandenen Emotionen und beobachten unsere Gedanken. Wir lassen uns Zeit, um wahrzunehmen, wer wir sind, was wir alles haben und was in uns hochkommen will. Wir nehmen uns Zeit für die Muße, für einen liebevollen Start in den Tag und nehmen wahr, welche Gedanken, Gefühle und körperlichen Empfindungen wirklich in uns sind.

In innerer Achtsamkeit können wir so immer mehr feststellen, welche Gedanken und Gefühle uns regelmäßig belasten und wie viele liebevolle Gedanken und Gefühle tatsächlich vorhanden sind, und diesen immer mehr Raum geben. In Ruhe und Achtsamkeit wird unser Schöpferpotenzial spürbar. Denn der Geist muss zur Ruhe kommen, damit Liebe und Frieden im Inneren spürbar werden und gelebt werden können. Empfinden Sie Dankbarkeit für Ihr Leben und begeben Sie sich voller Liebe in den Tag.

Zu einem erfüllten und erfolgreichen Tagesablauf gehört auch, Zeit für das Wesentliche im Leben zu haben. Zeit für die Familie, für Freunde und fürs Leben, Zeit für liebevolle Nähe, die dem Leben einen Sinn und eine wahre Bedeutung gibt und das Herz und die Beziehungen erfüllt. Aus einer solch liebevollen Haltung heraus können wir verstehen, dass die Pflichten und Aufgaben im Außen nicht mehr wert sein dürfen als wir selbst. So finden wir immer mehr zur Bewusstheit, das Wichtige vom Unwichtigen und das Wesentliche vom Unwesentlichen zu unterscheiden, und entwickeln ein gutes und stimmiges Bauchgefühl, für uns selbst und unser Leben. Denn die Liebe ist überall da, wo unsere Präsenz ist. Die Liebe, das sind wir selbst, unsere göttliche Natur.

Abendliche Übung für die Selbstliebe: Rückschau auf den Tag

Eine weitere Übung für die Selbstliebe, die täglich praktiziert werden kann, ist es, am Abend auf den Tag zurückzublicken und sich rückwärts an seinen Verlauf zu erinnern: Was ist heute alles geschehen, wie habe ich mich verhalten, wie haben sich andere verhalten, wie habe ich mich gefühlt, und welche Gedanken hatte ich? Mit dieser Innenkehr und innerem Revue-passieren-Lassen werden Sie den Tag sortieren. Lächeln Sie innerlich alle Ereignisse an. Erfreuen Sie sich bewusst an denen, die gut verliefen, und loben Sie sich für gute Taten. Gab es belastende Dinge, dann schließen Sie Frieden damit, legen Sie diese in Gottes Hand, lassen Sie los, und kommen Sie zur Ruhe. Morgen ist ein neuer Tag.

Selbstliebe und Egoismus. Viele Menschen hegen die Meinung, bei der Selbstliebe handele es sich um eine Form von Egoismus, doch dem ist nicht so. Denn wir sind hier in diesem Leben auf der Erde, um uns in allen Aspekten unseres Seins in der Materie wahrzunehmen. Dies können wir im Jenseits nicht. Wir können dort eine wunderschöne Energie, ein herrliches Licht sein, aber um uns wahrzunehmen, benötigen wir einen Körper sowie den Austausch mit anderen und die Spiegelung durch sie. Deshalb ist es wichtig und sollte auch selbstverständlich sein, dass sich jeder selbst liebevoll annehmen kann und erkennt, was für ein wundervolles Wesen göttlichen Ursprungs er ist. Dies wird sich dann auch im Umgang mit dem Partner – wie auch mit allen Mitmenschen – positiv auswirken. Selbstliebe ist eine Notwendigkeit und sie fügt keinem anderen einen Schaden zu. Das Gegenteil ist der Fall, weil man sich dabei lediglich liebevoll selbst annimmt und niemandem etwas wegnimmt.

Wenn wir Liebe fühlen, dann fühlen wir uns frei und sind erfüllt von ihr. Wenn aber jemand Liebe bestenfalls nur denken kann und sie dabei nicht fühlt, dann ist Egoismus nicht weit. Er entsteht immer aus einer Bedürftigkeit heraus, nämlich durch falsche Selbstliebe beziehungsweise Selbstverliebtheit.

Die Selbstliebe ist unabhängig von äußeren Umständen, Egoismus dagegen bedeutet, dass man etwas tut, um Anerkennung zu bekommen. Liebe bedeutet, ich gebe mit reinem Herzen, und es kommt vom Kosmos automatisch zurück; ich muss es nicht einfordern. Liebe lässt frei und kennt kein Besitzdenken. Alles, was unter Anspannung geschieht und nicht aus innerer Liebe und Fülle, mit Akzeptanz, Rücksichtnahme und Verständnis, hat nichts mit Liebe zu tun. Lieben Sie sich selbst, Ihren Partner, Ihre Kinder und Mitmenschen von Herzen dafür, dass sie so sind, wie sie sind. Wir leben dann glücklich, wenn wir uns mit dem Leben und mit den anderen Menschen verbunden fühlen; wenn wir die Dinge so annehmen können, wie sie sind; wenn wir unsere ureigenste Wahrheit spüren; wenn wir Freude erleben und teilen können; wenn wir Vertrauen und Liebe leben und vermehrt lichtvolle Ereignisse anziehen. Achten Sie aber darauf, dass Sie Ihr Herz zunächst für sich selbst öffnen, erkennen Sie, dass Sie selbst für sich der wichtigste Mensch auf der Erde und der Mittelpunkt Ihres Kosmos sind. Dann erst sind Sie so stark in sich, dass Sie mit liebevollem Herzen auch anderen Menschen offen begegnen können, ohne verletzt zu werden. Wann immer Sie sich in einer Krise befinden, erinnern Sie sich daran, dass Sie Ihr Herz noch mehr für sich selbst öffnen und sich mit dem Kosmos verbinden, sich innerlich umarmen, wie Sie auch Ihr Kind oder einen geliebten Menschen umarmen würden. Dies ist Selbstliebe.

Liebe von außen. Das Thema der Selbstliebe irritiert oft Menschen, die durch Gedanken von Schuld und Sünde vorbelastet sind. Aber die Liebe ist unsere Existenzgrundlage. Nur wenn wir Liebe in uns selbst und zu uns selbst empfinden, können wir sie auch bedingungslos anderen Menschen zukommen lassen. Denn wenn ein Defizit an Liebe in unseren Herzen vorhanden ist, so erwarten wir die Liebe von außen. Und bekommen wir sie, dann sind wir oftmals nicht in der Lage, sie auch anzunehmen. Wenn wir nämlich unbewusst an den Mangel glauben, dann können wir auch nicht die Liebe und Fülle im Außen erkennen und annehmen. Und so, wie der Mensch mit sich selbst umgeht, so geht er auch mit seinen Mitmenschen um. Wie innen, so außen!

Wir benötigen Liebe und Anerkennung nicht von außen, von Eltern, Partnern, Kindern, Kollegen etc., denn die vollständige und bedingungslose Liebe, die wir brauchen, kann uns kein Mensch geben. Sie ist in unserem tiefen Inneren, und wir können sie uns nur selbst schenken. Dies funktioniert über die Selbstannahme und natürlich nur, wenn wir nicht dem Glauben verfallen sind, dass uns etwas fehlt. Wir müssen uns in unserem Glauben an das Gute und in unserem Urvertrauen innerlich erheben. Dabei öffnen wir das Herz für uns selbst, so wie ein inneres Lächeln, während dessen wir uns gleichzeitig mit dem Kosmos verbinden. Über ein liebevolles Herz sind wir in der Lage, die All-Liebe Gottes zu empfangen, und über die eigene Liebesfähigkeit können wir die Liebe von anderen Menschen annehmen und in uns hineinlassen.

Moral und Selbstliebe. Jede Form von Moral wurde von den Menschen geschaffen, damit eine Gesellschaft funktionieren kann. Moral ist etwas, was es im Ursprung nicht gibt. Aber für ein funktionierendes Gemeinwesen sind ethische und moralische Werte zwingend. Sobald eine moralische Vorstellung allerdings nicht mehr dem gesellschaftlichen Überleben dient, sondern mit Schuld- und Schamgefühlen belegt wird, wird sie kontraproduktiv und einengend. Deshalb ist es wichtig, seine moralischen Werte und Vorstellungen zu hinterfragen, viel Liebe und Nachsicht zu entfalten, nicht in falschen moralischen Prägungen gefangen zu bleiben und sich darüber zu definieren.

Selbstliebe und Einsamkeit. Einsamkeit und innere Leere hängen nicht davon ab, ob man in einer Beziehung oder als Single lebt. Allein leben ist nicht gleichbedeutend mit einsam sein. Wir können ohne einen Partner leben und trotzdem zufrieden und glücklich sein. Ebenso können wir eine Partnerschaft haben und uns trotzdem einsam und unglücklich fühlen. Denn man kann sich auch in einer Partnerschaft alleingelassen und ungeliebt fühlen. Viele Menschen haben im Außen alles und sind in ihrem Inneren dennoch traurig, leer und unglücklich.

Das Gefühl der Einsamkeit hängt weniger davon ab, von wie vielen Menschen man umgeben ist, sondern davon, wie man sich fühlt und was man selbst über sich denkt. Das Gefühl der Einsamkeit kann bereits tief in uns verankert sein, was oft damit zusammenhängt, was wir in der Kindheit erlebt haben. Wenn ein Kind von seinen wichtigsten Bezugspersonen keine Liebe empfängt, nicht gesehen und nicht angenommen wird, wenn es mit seinen Bedürfnissen alleingelassen wird oder sogar emotionale und körperliche Gewalt erlebt, dann macht es die Erfahrung von abgründiger Einsamkeit. Und dies wirkt sich negativ auf sein Erwachsenenleben aus.

Einsamkeit und Selbstwertgefühl. Solche Menschen haben in der Regel ein mangelndes Selbstwertgefühl. Sie glauben von sich selbst, sie seien nicht liebenswert und werden nicht gemocht. Und bewusst oder unbewusst mögen sie sich auch selbst nicht. Somit erschaffen sie eine trennende Barriere zwischen sich und ihren Mitmenschen. Dadurch leidet der zwischenmenschliche Kontakt und Austausch, denn der Einsame hat es schwer, herzlich auf andere zuzugehen. Er geht anderen Menschen eher aus dem Weg. Offenheit und die Bereitschaft, sich mit anderen auszutauschen, sind Wege aus der inneren Isolation. Doch die unterschwellige Angst vor Zurückweisung und auch zu hohe Erwartungen an sich und andere setzen die Betroffenen häufig unter Druck.

Das mangelnde Selbstwertgefühl und die mangelnde Selbstliebe äußern sich auch darin, dass solche Menschen meist nicht in der Lage sind, mit sich allein zu sein und dabei Frieden und Zufriedenheit zu verspüren. Damit ist nicht die Zeit gemeint, die man mit sich allein verbringt, sondern Zeit und Muße, um wirklich in sich hineinzuspüren und sich als wertvoll zu erachten.

Die innere Verschlossenheit macht den Menschen einsam.

Diese Einsamkeit entwickelt sich aus dem Menschen selbst heraus, unbewusst genährt von den Erfahrungen der Vergangenheit. Niemand zwingt dem Betroffenen sein mangelhaftes Selbstwertgefühl auf. Er meidet sich selbst und überträgt dieses Verhalten auf andere. Es entsteht in ihm aber das Gefühl, die anderen würden ihn meiden. Es sind in Wirklichkeit die inneren Verletzungen und das Festhalten an diesen Emotionen, die ihn vom Licht trennen und ihn einsam und schwermütig machen.

Die Ursache der Einsamkeit erforschen. Wir sollten dem Kern der Ursache nachgehen und verstehen, warum wir einsam sind. Denn da, wo die Ursache liegt, da können wir auch eine liebevolle Lösung finden. Zum Beispiel könnten wir – auch mit psychotherapeutischer Hilfe – feststellen, dass wir uns schon als Kind einsam gefühlt haben, weil unsere Eltern uns oft allein gelassen haben. Wir könnten also erkennen, dass die Einsamkeitsgefühle alte Gefühle sind und nichts mit der heutigen Realität zu tun haben. Und wir könnten uns davon nach und nach distanzieren. So kann wieder ein liebevoller Weg entstehen, mit sich selbst mehr und mehr ins Reine zu kommen, die Liebe in sich zu entdecken und sich für ein liebevolles Miteinander zu öffnen.

Wir sollten uns unserem Selbst zuwenden und die Selbstliebe kultivieren. Wir sollten mit ganzem Herzen erkennen, dass wir ein liebevoller und liebenswerter Mensch sind. Dann sollten wir dieses Empfinden in ein liebevolles Verhalten umwandeln und bewusst mit einem herzlichen Lächeln auf die Menschen zugehen, mit aufrichtigem Interesse anderen zuhören und heilsame Rituale in Situationen erschaffen, in denen wir uns bisher unwohl und einsam gefühlt haben.

Interessen nachgehen. Wir sollten uns immer würdig und gut genug fühlen, unseren Interessen auch allein nachzugehen, uns unsere Träume zu verwirklichen, anstatt darauf zu warten, dass jemand anderes uns dies ermöglicht. Denn Selbstliebe bedeutet, gut für sich zu sorgen, gut über sich zu denken und sich selbst bei allem stets eine neue Chance zu geben. So zeigen wir uns selbst, dass wir liebevoll, liebenswert und wertvoll sind, und führen eine lichtvolle und liebevolle Beziehung zu uns selbst. Wir sollten bedenken: Die Wahrheit in unserem Inneren strahlt nach außen und beeinflusst auch unsere Realität und somit unser Schicksal.

Es ist auch ratsam, dass wir bewusst freudvollen Dingen und individuellen Interessen nachgehen. Denn die Freude, die wir dabei empfinden können, bringt alles in Bewegung, was an Liebe und Kraft in uns vorhanden ist. So gewinnt das Leben an Bedeutung und Lebenssinn. So intensivieren sich die liebevolle und wertschätzende Beziehung zu uns selbst sowie unsere Beziehungen zu anderen Menschen. Das Leben beginnt, sich zu transformieren. Denn wir selbst sollten immer die Veränderung sein, die wir uns wünschen. So wachsen und entfalten sich unsere Beziehungen auf allen Ebenen. Und so gewinnen wir wieder intensiven Kontakt zu uns selbst sowie zu anderen Menschen und ziehen vermehrt Liebe, Freude, Glück und Erfolg an.

Übung für die Selbstliebe

Setzen Sie sich bequem hin, und schließen Sie Ihre Augen. Entspannen Sie Ihren Körper.

Atmen Sie mit einem inneren Lächeln. Denken Sie bei jedem tiefen Atemzug an Liebe, und spüren Sie die Liebe.

Atmen Sie entspannt, und nehmen Sie wahr, wie Sie die Liebe jetzt empfinden.

Fühlt es sich in Ihnen warm und strahlend an oder neutral?

Lassen Sie ein gutes Gefühl in Ihrem Brustraum zu, und erlauben Sie, dass sich die Wärme in Ihnen entfalten darf.

Spüren Sie, wie sich Ihre Liebeskraft im Herzen erhöht.

Eine wunderschöne rosarote Rose öffnet sich in Ihrem Brustraum. Atmen Sie diese Liebe mit allen Sinnen ein, und beobachten Sie, wie diese Rose immer größer wird.

Spüren Sie diese Weichheit, riechen Sie den Duft einer Rose, und sehen Sie ihr Licht, das so groß wird wie Sie. Atmen Sie diesen glückseligen Zustand ein und aus.

Erlauben Sie diesem Gefühl, größer zu werden und über Ihre Grenzen hinauszugehen.

Atmen Sie tief ein und aus, und genießen Sie.

Sehen Sie sich im Lichtfeld dieser wunderschönen rosaroten Rose eingehüllt. Lächeln Sie in diesem bewussten Zustand der Liebe aus vollem Herzen.

Wenn Sie so weit sind, in die irdische Wirklichkeit zurückzukehren, dann bedanken Sie sich innerlich.

Sprechen Sie nun bitte innerlich dreimal folgenden Satz:

»Gottes Liebe erfüllt meine Seele, ich spüre Dankbarkeit und Vertrauen.«

Atmen Sie dreimal tief durch, und kommen Sie zurück in den Alltag.

Partnerliebe

Ohne Selbstliebe ist auch eine partnerschaftliche Liebe nicht möglich. Selbstliebe ist also Voraussetzung für eine glückliche Partnerschaft. Betrachten wir im Folgenden genauer, worauf es dabei ankommt. Ich beginne mit dem Unterschied zwischen der Liebe und der Verliebtheit.

Verliebtheit. Liebe entsteht im Inneren aus dem tiefen individuellen Erleben heraus. Die Verliebtheit ist zwar ebenfalls ein tief greifendes und wunderschönes Empfinden, geschieht aber weniger aus wahrer Liebe heraus. Sie richtet sich im Außen auf ein Objekt der Begierde. Ein Mensch verliebt sich beispielsweise in einen anderen wegen seines Aussehens, seiner Art, seiner Haltung, seiner Ausstrahlung, seines Lächelns usw. Die Frage ist nun, warum fühlt er sich gerade zu diesem Menschen hingezogen und verliebt sich in ihn?

Der Initialzünder der Verliebtheit ist die Resonanz. Die sexuelle Anziehung über das Resonanzprinzip spielt hier eine wesentliche Rolle (siehe Kapitel »Sexualität und Partnerschaft«). Was uns am Anderen fasziniert, entspricht einem individuellem »Beuteschema«, und dies wiederum entstammt gewissen in uns angelegten Mustern. Diese erste Verliebtheitsphase schwächt sich jedoch später ab. Oft lehnen wir sogar nach einiger Zeit die Eigenschaften beim Partner ab, die uns anfänglich fasziniert haben, weil wir darin, wie in einem Spiegel, unbewusst unsere eigenen Schwächen und Blockaden erkennen, die wir an uns selbst ablehnen.

Liebe. Liebe hingegen ermöglicht, sich auf einer zwischenmenschlichen Ebene tief zu begegnen, indem man den Anderen in seinem So-Sein annehmen, respektieren und akzeptieren kann und somit auch lieben. Selbstliebe ist dabei eine ganz entscheidende Voraussetzung. Liebe heißt nämlich auch, sich selbst gütig anzuschauen und so sein zu lassen, wie man ist.

Du bist du! Und ich bin ich. Ein jeder ist ein Individuum, genauso wie sein Partner und wie alle Mitmenschen. In einer Beziehung, die von reifer Liebe geprägt ist, übernimmt man Verantwortung für sich. Das bedeutet, man muss zu sich selbst stehen, seine Bedürfnisse klar formulieren und nicht erwarten, der Partner müsse sie kennen. Wenn Sie nicht wissen, was Sie wollen, wird Ihnen niemand helfen können, selbst der liebe Gott nicht. Nur Sie selbst sind Ihres Glückes Schmied, und nur Sie selbst tragen für Ihr Handeln und Ihre Empfindungen die Verantwortung. Ihre Welt wird immer so sein, wie Sie sie sehen.

Reife Liebe bedeutet, die Bedürfnisse des anderen zu respektieren. Braucht der Partner zum Beispiel Rückzug, bezieht der Andere dies nicht auf sich oder wirft ihm das nicht vor. Vielmehr unterstützt er ihn in liebevoller Haltung und mit Verständnis. Gewähren Sie ihm seinen Rückzug, und begleiten Sie ihn mit guten Wünschen und Ihrem Segen. So kann das Zusammensein lichtvoll und verständnisvoll verlaufen, in Liebe und Harmonie.

Damit eine Beziehung in Liebe und gegenseitigem Respekt funktioniert, ist ein Verhalten in Weisheit nötig, das frei ist von Resonanz und Erwartung. Menschen, die einen Partner suchen, sollten sich zunächst ganz auf die Beziehung zu sich selbst konzentrieren und sich in Selbstannahme, in Würde und Liebe begegnen. Erst dann ist man in der Lage, wahre Liebe auch zu geben. Und so zieht man einen Partner an, der diese Eigenschaften ebenfalls in sich trägt.

Für Paare, die eine gemeinsame Entwicklung anstreben, ist das nachfolgende Gebet gedacht.

Gebet für die Partnerschaft
»Liebe lichtvolle geistige Welt.

Bitte steht mir in himmlischer Weisheit in meiner Partnerschaft bei.

Ich weiß, dass ich schön, liebevoll und liebenswert bin und diese Eigenschaften auch in meinem Partner vorhanden sind.

Bitte hilf mir, Vertrauen zu mir, zu meinem Partner und zu meinen Mitmenschen aufzubauen, und ich vollziehe meinen Schritt. Amen.«

Liebe und Nähe. Durch die Liebe zum Anderen wird die Gnade Gottes spürbar. Wo die Liebe hinfällt, wo sie ergriffen und gestaltet wird, wo sie behütet und erneuert, gefeiert und gelebt wird, da ist die Gnade Gottes spürbar. Liebe ist Nähe, und diese Nähe ist das Tor zu einer inneren Geborgenheit, die unsere Zweifel zum Schweigen bringt. Sie ist aber auch eine Kraft, die alte Wunden freilegt als eine Aufforderung zum Heilen. Liebe will wachsen, und der alte innere Schmerz will dabei überwunden werden. So kann das Miteinander uns zugleich nähren und schmerzen. Denn jede Beziehung verwandelt uns, indem sie etwas anderes in uns freisetzt.

Frieden schließen mit der Vergangenheit. In ihrem Kern aber ist die zwischenmenschliche Liebe Gottes Liebe sehr ähnlich: Ich liebe dich, so, wie du bist, und ich liebe dich von ganzem Herzen. Diese bewusste Nähe ist der zärtlichste, liebevollste und unberechenbarste Weg in die innere Freiheit. Doch solange wir nicht wissen, wer wir selbst sind, und uns selbst nicht kompromisslos akzeptieren und lieben, gestaltet sich die Nähe zu anderen als schwierig. Lieben bedeutet annehmen. Doch jeder ungelöste Schmerz aus der Vergangenheit erzeugt in uns einen Wunsch nach absoluter Sicherheit und verleitet zum Kontrollverhalten. Jede ungelöste Beziehung aus der Vergangenheit beeinträchtigt unsere gegenwärtigen Beziehungen. Deshalb ist es wichtig, Frieden zu schließen mit allem, was war. Auch Frieden und Vergebung mit allen und auch mit dem, wer man selbst in der Vergangenheit gewesen ist. Es gibt sicherlich kaum einen Menschen, der in seiner Vergangenheit nicht verletzt wurde. Das Leben muss im Vorwärtsgehen gelebt werden und kann oftmals erst im Nachhinein verstanden werden. Deshalb kann nur der nach vorne gerichtete Blick der richtige Blick sein. Er hilft uns, zu vertrauen und uns auf liebevolle Menschen einzulassen. Wir müssen mit unseren vergangenen Lebenserfahrungen Frieden schließen, denn sie waren und sind sehr wichtig. Denn ohne diese intensiven Lebenserfahrungen hätten wir uns zu keiner bewussten Persönlichkeit entwickeln können, die sich ihrer Kraft und ihres Willens sowie ihrer Werte und Bedürfnisse bewusst ist. Im verstehenden und loslassenden Vorwärtsschreiten kann das Leben wieder an Tiefe, Sinnlichkeit und Abenteuer gewinnen.

Die Nähe zu anderen ist ein echtes Übungsfeld für unsere Selbstliebe. In gegenseitiger liebevoller Wahrnehmung können quälende Gefühle heilen, und wir können von innen heraus aufleuchten. Jeder Tag birgt dann eine neue Chance. Es braucht unsere Bereitschaft, alle auftauchenden Gefühle in uns wahrzunehmen, sie klug zu reflektieren, in Selbsterkenntnis anzugehen und uns auf das Leben als Erfahrungsfeld einzulassen.

Über Gefühle sprechen. Eine Beziehung bewegt sich immer im Spannungsfeld zwischen Nähe und Distanz. Das spiegelt sich vor allem im emotionalen Bereich wider. Je weniger die Menschen jedoch in der Lage sind, über ihre Gefühle zu sprechen, umso mehr Unbehagen und Missverständnisse werden entstehen. Jeder Mensch will seine Gefühle zum Ausdruck bringen. Doch wenn er in der Kindheit eine gesunde Kommunikation über seine Gefühle nicht gelernt hat, sollte er alles daransetzen, dies nun, im erwachsenen Alter, in seiner Partnerschaft nachzuholen. Dies mag zunächst nicht immer einfach sein, doch mit Selbstliebe und mit Vertrauen zu sich und zum Partner kann es zunehmend gelingen. Dies kommt dann letztendlich ihm selbst, der Qualität der Beziehung und auch den Kindern zugute. Denn Kinder schauen den Eltern alles ab. Auch wenn bedingungslose und aufrichtige Liebe einen gewissen Aufwand bedeuten mag, so bringt sie uns wie auch unsere Beziehung weiter und hält sie stabil. Sie stärkt auch unsere Kompetenz in anderen Lebensbereichen wie in der Erziehung unserer Kinder und in beruflichen Belangen. Wir sollten beachten, dass ethische Werte im Alltag gelebt werden müssen. Somit bedeuten gerade der Alltag und unser soziales Umfeld die authentischste Möglichkeit, die spirituelle Praxis und psychologische Tiefe, die wir in unserer Liebesfähigkeit so sehr brauchen, umzusetzen und zu leben. Die Liebe will ihren Ausdruck finden und gelebt werden und auf allen Ebenen erfahrbar sein.

Verweigerung: das Schmollen. Oftmals tun sich auch erwachsene Menschen mit der Kommunikation schwer, und anstatt über ihre Gefühle zu sprechen, schweigen oder schmollen sie lieber. Auch wenn jeder weiß, dass Schmollen ein kindisches Verhalten ist, wählen viele trotzdem diesen Weg, weil es eine scheinbar einfache Möglichkeit ist, bewegende Gefühle sichtbar zu machen und dem Anderen seinen Unmut zu verdeutlichen. Schmollen wirkt zwar immer gleich und doch immer aufs Neue verletzend. Meist trifft diese passive und gleichzeitig aggressiv wirkende Kommunikationsverweigerung den Anderen dann unvorbereitet. Diese Mischung aus Trotz, unangenehmem Schweigen und In-sich-gefangen-Sein tritt umso stärker und gehäufter in Erscheinung, je mehr der heute erwachsene Mensch an den Verhaltensweisen aus seiner Kindheit festhält.

Diese Verhaltensweise hängt offensichtlich mit dem Ideal der romantischen Liebe zusammen. Es existiert die Vorstellung, dass es so etwas wie schicksalhafte Liebe gibt, in der zwei Herzen wie eines schlagen. So glauben viele, dass ein Mensch, der uns liebt und den wir lieben, uns blind verstehen und all unsere Gefühle erspüren und uns durch das Leben tragen müsste. Und wenn diese Vorstellung nicht eintritt, so sind sie tief enttäuscht vom Anderen und schmollen. Einen solchen Realitätsverlust müssen wir verstehen und akzeptieren. Früher waren Ehen Zweckbündnisse und die Liebe eher ein Nebeneffekt. Deshalb waren die Menschen von vornherein darauf eingestellt, dass der andere anders ist, als man es vielleicht selbst gern hätte, und dass gewisse Missverständnisse selbstverständlich sind. Damals wäre keiner auf die Idee gekommen, zu schmollen oder die Beziehung infrage zu stellen. Der Schmollende weiß, dass er keinen liebevollen Menschen darstellt, und doch ist der Sog, sich in die einsame Ecke zurückzuziehen, groß, und wieder herauszukommen nicht immer leicht. Schmollen ist eine passiv-aggressive Haltung: Der Schmollende kann damit Druck auf den Anderen aufbauen, ihm ein schlechtes Gewissen und Schuldgefühle machen und ihn damit in eine schlechte Stimmung bringen. Fragt man den Schmollenden, ob etwas nicht stimmt, antwortet er dann meist in unzufriedenem Ton: »Nein, alles ist bestens.« Es handelt sich dabei um eine Art kindischer Rache. Der Hintergrund ist: Um nicht mit dem eigenen inneren Schmerz allein zu sein, versucht man, den Anderen mit hineinzuziehen. Das versteht er wahrscheinlich selbst nicht, aber er zeigt es. Ein solches Verhalten haben wir in den ersten Jahren unseres Lebens an unseren Eltern gelernt. Das Schmollen ist eine emotionale Ausdrucksweise von Menschen, die nicht gelernt haben, wie sie ihre Emotionen anders ausdrücken sollen, oder sich nicht trauen, dies zu tun. Doch emotionale Nähe wird nicht durch Schmollen, Rückzug und Kritik aufgebaut. Konstruktives Sprechen und das verantwortliche und ehrliche Äußern der Gefühle beziehungsweise ein erwachsener Umgang mit seinen Gefühlen müssen manches Mal erst gelernt werden. Zwar ist Schmollen erst dadurch entstanden, dass unser naiver Glaube an die romantische »große Liebe« im Alltag immer wieder erschüttert wird, doch können wir gerade durch die Entwicklung eines liebevollen Umgangs miteinander die wahre Liebe lernen und damit große emotionale Distanzen überwinden und zu einer aufrichtigen emotionalen Nähe finden.

Nähe und Körperkontakt. Wir sollten uns bewusst Zeiten in unserem Alltag einbauen, um uns selbst in Gegenwart unseres Partners liebevoll wahrzunehmen. So wie eine Mutter das nackte Neugeborene auf ihre nackte Brust legt und durch Hautkontakt die Intensität des Herzschlags spürt und die absolute Annahme vermittelt, die das Kind mit Vertrauen erfüllt, so sollten wir unsere Berührungen auch mehr vom Herzen wahrnehmen. Die Intensität des Herzens und das Spüren über die Haut ist die intensivste Form einer Beziehung, auch unter den Erwachsenen.

So möchte ich allen liebenden Paaren den Rat geben, in eine meditative Haltung zu gehen und sich gemeinsam ohne trennende Kleidung zusammenzukuscheln, um sich gegenseitig – ohne jegliche Erwartung – wahrzunehmen. Den Anderen spüren, die Wärme seiner Haut fühlen und den Klang seines Herzschlags hören, einfach da sein und geschehen lassen. Dieses gemeinsame

Sein öffnet das emotionale Herz und lässt die Liebe fließen, in uns selbst und im Miteinander. Solche tiefen Momente lassen uns unsere Liebe in uns spüren. Sie bringen zwei Menschen einander näher und wirken heilsam auf die Seele. So finden zwei Individuen eine gemeinsame Sprache der Liebe.

Wahre Nähe. Ehrlichkeit und Offenheit schaffen Vertrauen und stärken die Verbindung zwischen den Menschen. Oberflächliche Werte dagegen, wie die Suche nach Liebe und Anerkennung im Außen, sind es, die uns von unserer inneren Mitte und Balance sowie der Verbundenheit mit Gott und unseren Mitmenschen trennen. Viele Menschen sind vordergründig darauf bedacht, Akzeptanz und Anerkennung zu bekommen. Dagegen wirkt das aufrichtige Interesse an sich und am Anderen verbindend und auf allen Ebenen heilsam. Darin zeigt sich die wahre Liebe, die existenziell ist für jeden Einzelnen, für seine Entwicklung und sein Heil, und sie schafft wahre Nähe.

Dankbarkeit. Dankbarkeit wirkt wie ein Segen und öffnet das emotionale Herz, was wiederum den Weg zu Liebe und tiefer Selbstliebe ebnet. Denken Sie an die liebevollen Eigenschaften Ihres Partners, und fühlen Sie Dankbarkeit für sein Dasein und für alles, was Sie durch ihn an Schönem erfahren.

Dankbarkeit ist generell wichtig. Wer öfter Danke sagt, ist zufriedener, ist verbundener, liebt mehr und bekommt mehr Liebe. Wenn wir dankbar sind für das Gute im Leben, so bewahrt dieses Bewusstsein uns vor Unzufriedenheit und unerreichbaren Sehnsüchten. So können wir dankbar wieder alles wahrnehmen, was wir haben, anstatt nur das zu sehen, was uns eventuell fehlt.

Je mehr wir die innere Haltung der Liebe und Dankbarkeit annehmen, umso stärker werden diese Tugenden in unseren Alltag und unsere Beziehungen hineinwirken und sie erfüllen. So werden die inneren Werte kultiviert und nehmen eine Gestalt auch im Außen an. Liebe und Dankbarkeit erinnern uns daran, dass wir nicht allein auf der Welt sind, und auch daran, dass wir in einer Gemeinschaft hin und wieder auf die Unterstützung durch die anderen Menschen angewiesen sind. Dankbarkeit ist eine Voraussetzung für dauerhaftes Glück im Leben und auch in der Partnerschaft. Denn Liebe und Anerkennung erhalten wir, wenn wir Liebe und Anerkennung geben.

Akzeptanz und Mitgefühl. Wenn wir unsere Beziehung zu uns selbst und zum Partner verbessern wollen, sollten wir uns bewusst machen, dass dies immer eine tiefe Akzeptanz und Mitgefühl erfordert. Ist eine Beziehung in einer gesunden Schwingung, schenkt sie uns neue Energie und zeigt sich durch einen Austausch von Berührungen, Aufmerksamkeit und Anerkennung. Sie bringt unsere Stärken zum Strahlen, und wir spüren, dass wir einen Unterschied im Leben eines anderen Menschen bewirken, so wie dieser einen deutlichen Unterschied in unserem Leben ausmacht. Die Qualität einer Beziehung erwacht und wird gepflegt durch ein Lächeln, durch eine Umarmung, einen Rat und ein gegenseitiges Wahrnehmen und Zuhören.

Die Basis für das Erblühen einer jeden Beziehung ist es, alles vom Herzen, aus tiefem Liebesempfinden heraus angehen zu können und damit die Weisheit und die ethischen Werte wie Verantwortung, Ehrlichkeit und Respekt zu leben. Lauschen wir der Stimme unseres liebevollen Herzens, dann bekommen wir wertvolle Impulse für unser liebevolles Wachstum. So können wir uns weiterentwickeln, Neues entdecken, in Liebe leben und unser Seelenpotenzial entfalten.

Gelassenheit und Gleichmut gehören ebenso in unsere Beziehungen wie die Liebe. Sie verschaffen uns den nötigen Abstand und bringen uns die innere Ausgeglichenheit. Das ist gelebtes und fließendes Leben und nicht ein erkämpftes und schwerfälliges Dasein. So ist für die Güte und Ausgewogenheit unseres Lebens entscheidend, in welcher Qualität wir selbst unsere Beziehungen einstufen; ob wir unsere Gemeinschaft eher als Kraftquelle oder eher als Belastung erleben. Dabei ist es in erster Linie wichtig, im Mitgefühl und in Klarheit zu prüfen, ob unsere eigenen Lebenseinsichten stimmig und beziehungstauglich sind. Das öffnet das emotionale Herz und offenbart neue Lösungen. Wir sollten nie unter einem Menschen ein leidvolles Empfinden verspüren, aber auch niemals andere unter uns leiden lassen! Verständnis und Liebe sollen in jeder Beziehung die Oberhand haben. Unnötige Auseinandersetzungen, alle unverarbeiteten Gefühle, gar Wut und Ängste verursachen Schmerz und machen uns das Leben schwer. In einer Beziehung sollten wir unsere Emotionen gemeinsam klären, damit die Liebe, das Leben und das Glück ungehindert wieder fließen können und wir dem, was an Neuem geschehen will, vertrauen können. Dann werden wir offen für das, was sein soll. Je stärker wir unser emotionales Herz öffnen, desto stärker können wir Liebevolles spüren. Wir können dort Liebe verspüren, wo sie vorher aus Angst vor Verletzung verschüttet war. Je ehrlicher wir zu uns selbst sind, umso ehrlicher sind wir auch unserem Partner gegenüber und desto leichter können wir uns auch auf eine liebe- und vertrauensvolle Partnerschaft einlassen. In einer aufrichtigen und erfüllten Beziehung darf selbstverständlich jeder seine kleinen Geheimnisse wahren, aber wir sollten uns nichts Beziehungsrelevantes verbergen. Dann gibt es nichts, wofür wir Schamgefühle haben müssten, sowie auch keine Schuld, gleich welcher Art, die wir zu tragen hätten. Wir gehen gut mit uns um und sind nicht gefangen in falschen Moralvorstellungen, die weder von Gott gewollt noch von uns selbst entwickelt wurden. Indem wir uns selbst so zeigen, wie wir sind, werden wir auch erkennen, ob wir wirklich die richtigen Menschen in unserer Nähe haben, und können den Partner fürs Leben anziehen. Dann strahlen wir das aus, was wir sind, voller Selbstvertrauen und in Selbstwürde. Über diese Resonanz erleben wir auch Vertrauen und Würde in unseren Beziehungen. Denn wenn wir glauben, dass wir nie den »richtigen« Partner finden werden, und uns selbst für nicht liebenswert halten, dann ziehen wir folgerichtig genau die Menschen in unser Leben, die uns unsere innere Wahrheit auch bestätigen werden. Ähnlich verhält es sich, wenn wir unseren Partner negieren und glauben, dass unser Missempfinden an ihm liegt, in dem Glauben, dass irgendwo da draußen potenzielle Partner warten, die rundherum auf uns eingehen und uns glücklich machen können.

Tagesrituale praktizieren. Um liebevolle Veränderungen zu bewirken, müssen wir liebevoller denken und liebevoller sein. Dazu sind die selbstreflektierenden Tagesrituale dienlich, die ich in diesem Buch beschreibe. Eine Möglichkeit ist es zum Beispiel, bereits morgens nach dem Aufwachen das Leben und die

Beziehung glücklich anzulächeln und innerlich den Tag nach den eigenen Wünschen in Gedanken zu gestalten. Das bringt Segen und liebevolle Resonanz in das Tagesgeschehen. Liebevolle Besinnung, Achtsamkeit, Gebete und bewusste Aufenthalte in der Natur im Laufe des Tages manifestieren immer mehr eine neue liebevolle Wirklichkeit. Denn unser Gehirn registriert keinen Unterschied zwischen dem, was es in der Wirklichkeit, in der Fantasie oder in der Erinnerung sieht. Eine bewusste Besinnung wirkt wie eine Meditation und schafft in unserem Gehirn neue neuronale Verknüpfungen, und unser Denken, Fühlen und Handeln verändern sich – und somit auch unser Blick auf die Welt.

Sich Zeit füreinander nehmen. Bewusst Zeit füreinander zu haben, um sich auch außerhalb der täglichen Routine zu erleben, ist förderlich für eine gute Partnerschaft. Abwechslung im Alltag tut einer Beziehung immer gut. Es ist wichtig, sich gemeinsam auf neue Erfahrungen einzulassen, sich neu zu erleben und an diesen neuen Lebenserfahrungen, die auch neue Freude und neue Begeisterung bedeuten, gemeinsam zu wachsen. Je mehr wir miteinander erleben, miteinander Freude empfinden und gemeinsam lachen, umso glücklicher und verbundener sind wir und umso mehr wird sich unsere Beziehung stärken. Dann entstehen auch Kraft, Lust und Muße für neue gemeinsame Ziele, und wir fließen mit dem Leben. Liebe zwischen zwei Menschen besteht nicht nur darin, dass man einander tief in die Augen schaut, sondern vor allem darin, dass man gemeinsam in eine Richtung blickt.

Fehlende Kommunikation. Viele Paare beklagen sich darüber, dass sie viel zu wenig kommunizieren. Denn der eine Partner hat oftmals einen größeren Gesprächsbedarf als der andere. So werden viele Paare sich in der heutigen schnelllebigen Zeit mit ihren vielen und schnellen Impulsen nicht gerecht, weil sie außer alltäglichen und organisatorischen Belangen kaum mehr miteinander kommunizieren und Gefahr laufen, sich emotional zu »verlieren«. Der Alltag kostet so viel unserer Aufmerksamkeit, dass Paare oftmals keinen richtigen Zeitpunkt finden, um miteinander ins Gespräch zu kommen. Dabei sollten wir nicht verzweifeln, sondern bedenken, dass es den »richtigen« Zeitpunkt gar nicht gibt. Die Menschen müssen sich dafür entscheiden, dem Gespräch mit einem Menschen, der ihnen am Herzen liegt, immer Vorrang zu geben. Ein schweigsames »Nebeneinander« anstelle eines bewussten »Miteinanders« führt zu Problemen, die immer größer werden. Denn der innere Druck und die Unzufriedenheit wachsen – bewusst wie auch unbewusst – stetig weiter. So sollte man sich immer vorrangig die Zeit nehmen, um aktuelle Anliegen zu besprechen, den anderen ernst nehmen, und wenn man das Gespräch nicht bis zur Zufriedenheit aller Beteiligten zu Ende bringen konnte, einen nächsten, konkreten Termin miteinander vereinbaren und diesen auch einhalten. Durch Zuverlässigkeit und Aufmerksamkeit stabilisieren sich das Verständnis, die Liebe und das Vertrauen bei allen Beteiligten.

Kenne ich meinen Partner? Gerade in längeren Beziehungen verblasst oft der Blick auf das Besondere im Partner, und alles wird eher normal. Die Wertschätzung und der Respekt voreinander schleichen sich langsam davon, wenn man die Beziehung nicht mit Achtsamkeit betrachtet und pflegt. Erst wenn etwas Unerwartetes geschieht, kommen wir wieder ins Staunen und sehen den Partner mit anderen Augen. Dies können positive spontane Erlebnisse ermöglichen wie auch Auseinandersetzungen, durch die wir gezwungen sind, den Partner auf eine neue Weise wahrzunehmen. Besonders in kritischen Zeiten muss man oftmals erkennen, dass man niemanden in- und auswendig kennen kann. Denn durch die jeweilige Individualität der Partner kommt in bestimmten Situationen nochmals eine andere Facette zum Vorschein. Wir müssen akzeptieren, dass wir zu keiner Zeit etwas oder jemanden objektiv wahrnehmen. Wie wir die Welt und die Mitmenschen erleben, ist stets durch unsere persönlichen Erfahrungen gefärbt. Ein Anderer ist nie wirklich so, wie wir ihn sehen, er entspricht immer nur unserem Bild. Gerade in langjährigen Beziehungen kann dies zu einem Problem werden. Je mehr wir glauben, dass wir unseren Partner im Laufe der Jahre immer besser kennengelernt haben, umso weniger wahr kann das Bild, das wir von ihm haben, in Wirklichkeit sein. Denn wir machen uns immer nur unser eigenes Bild von ihm. Der Partner hat oft kaum eine Chance, anders wahrgenommen zu werden, weil wir neue Informationen nicht mehr aufnehmen. So interpretieren wir oft das Verhalten des Anderen passend zur eigenen trügerischen Annahme. Das Bild, das wir uns von einem Menschen machen, entspricht aber in Wirklichkeit nicht dem Wesen des Menschen. Wir müssen darauf achten, dass wir unseren Partner nicht hinter unseren Vorstellungen verschwinden lassen. Denn sonst gibt es keine Begegnung und keine Herzensbeziehung mehr. Wenn wir uns selbst und unsere Partnerschaft ernst nehmen wollen, sollten wir wieder meditative Besinnung und Achtsamkeit üben, Ruhe zulassen und Gefühle spüren. Dann können wir bewusst und aufmerksam uns selbst und den Partner wahrnehmen und Achtsamkeit, Weisheit und Selbsterkenntnis üben. Dann haben wir eine gute Chance, uns selbst wie auch den Liebespartner immer wieder neu zu erleben und Nähe aufzubauen.

Auf Gefühle achten. Auch auf unsere Gefühle sollten wir in unserem Umgang miteinander achten. Denn die oft verborgenen und unbewussten Emotionen wie Missgunst, Neid und Undankbarkeit machen zurückhaltend, mürrisch und geizig. Wir sollen viel mehr begreifen, wie wichtig eine gute Beziehung für unser eigenes Wohlergehen und unsere Gesundheit ist, und dankbar dafür sein. Achten wir auf lobende Worte und Taten für unseren Partner. Denn je belastender ein Partner seine Situation in der Familie findet, umso weniger großzügig kann er Liebe und Anerkennung hineinbringen. Je mehr sich ein Partner in einer Beziehung nicht gesehen, in seiner täglichen Leistung nicht geschätzt fühlt und alles, was er macht, vom Anderen als selbstverständlich angesehen wird, umso mehr wachsen seine Unzufriedenheit und Verbitterung. Dies wirkt wie schleichendes Gift in jeder Partnerschaft.

Großzügigkeit und Anerkennung von beiden Seiten sowie das tatsächliche Angehen von Themen und Problemen machen hingegen dankbarer und glücklicher. Nur wenn jeder ganz selbstverständlich für den Anderen da ist, ihn unterstützt und aufmuntert, kann eine langjährige Beziehung erfüllt funktionieren und wachsen. Gleichzeitig gilt: Derjenige, dem Zuwendung zuteilwird, sollte diese wiederum niemals als selbstverständlich ansehen. Eine Beziehung lebt vom Füreinander und Miteinander. Natürlich sollten wir dabei auch nicht vergessen, dass der Partner niemals allein unser Bedürfnis nach Anerkennung stillen kann. Wir müssen uns in unserer Weisheit stets auch selbst Liebe und Anerkennung geben, um die Liebe und Anerkennung, die uns entgegengebracht wird, annehmen und genießen zu können. Dann spürt man auch intuitiv, wie viel Freiraum und Distanz zu dieser Nähe ebenfalls dazugehören. Dann kann die Liebe sich manifestieren und ist nicht mehr so leicht aus dem Gleichgewicht zu bringen.

Keine Angst vor Veränderung. So wie unsere eigene Beziehung zu uns selbst, so durchläuft auch die Beziehung zum Partner ihre Höhen und Tiefen. Wir sollten keine Angst vor Veränderungen und Wandlungen haben, denn das einzig Beständige im Leben ist die Veränderung. Das Leben muss fließen, es darf nicht festgefahren und starr sein, nicht zu gemütlich, zu eintönig oder zu einseitig. Die Beziehungen, die sich bewegen und entwickeln, bleiben auch lebendig, erfüllend und stabil.

So sollten wir in unserer inneren Reife der Lebenserfahrung und der Lebensjahre mit Wendepunkten weise, selbstbewusst und liebevoll umgehen. Unser Liebesideal sollte sich stets zu einer wirklichen, würdevollen und liebevollen Partnerschaft entwickeln, die auf liebevollen Werten basiert und im Alltag ihren Wert und ihre Beständigkeit behält.

Grenzen respektieren. Eine Partnerschaft und ein Zusammenleben können langfristig nur auf gemeinsamen Werten basierend funktionieren und sich weiterentwickeln. Dazu gehört auch das Respektieren von Grenzen – die eigenen sowie die des Anderen. Grenzüberschreitendes Verhalten zerstört Vertrauen und emotionale Bindung. Natürlich sollten die Grenzen nicht zu eng gesteckt sein und auch immer wieder hinterfragt werden. Eine gute Partnerschaft sollte von Liebe durchdrungen sein und für jeden der Partner einen gewissen Mehrwert gegenüber einem Singledasein bedeuten. Dafür ist es aber ebenso wichtig, genau zu erkennen, wie man in einer Beziehung nicht leben möchte. Dazu können Süchte gehören, finanzielle Abhängigkeit, Unehrlichkeit, permanente Beleidigungen usw. Jeder sollte für sich erkennen, welche Grenzüberschreitungen er nicht zulassen will, und für diese auch einstehen. Denn alles andere bedeutet eine Herabsetzung der eigenen Würde. Für ein Miteinander ist es sehr wichtig, dass man weder den Anderen mit Worten verletzt noch dass man zulässt, dass der Partner einen selbst demütigt. Eine gute Kommunikation unter erwachsenen Menschen sollte klar und deutlich die individuellen Empfindungen ausdrücken. Das setzt natürlich voraus, dass man seinem Partner dasselbe Recht zugesteht. Denn man kann nichts fordern, was man selbst nicht bereit ist einzubringen.

Gemeinsame Ziele. Eine Beziehung lebt aber nicht nur von gemeinsamen liebevollen Werten, sondern auch von gemeinsamen Zielen, gemeinsamen Träumen und Visionen. Eine Beziehung muss sich entfalten, sich bewegen und wachsen. Bei diesen Zielen sind auch Ziele gemeint, die jeder Partner für sich allein hat und bei deren Erreichen ihm die Unterstützung des Anderen hilft. Sich gegenseitig zu helfen, füreinander da zu sein, zukunftsorientiertes Handeln geben einem Miteinander Kraft und Halt.

Andere Beziehungen. Unsere Fähigkeit, Beziehungen zu anderen zu haben, sagt auch etwas über unsere Beziehung zum Partner aus. Wir sollten stets beobachten und nachspüren, wie wir uns mit bestimmten Menschen erleben und fühlen. Mit welchen Menschen umgeben wir uns? Blühen wir in Anwesenheit bestimmter Freunde auf, oder verbringen wir eher unsere Zeit mit Menschen, zu denen wir keine Resonanz verspüren oder die uns eher schwächen? Sagen wir zu irgendwelchen Verabredungen »Ja«, wo wir doch am liebsten »Nein« sagen würden? Lasse ich zu, dass Menschen großen Einfluss auf mich nehmen und meine Befindlichkeit dominieren, oder kann ich zu solchen Menschen in Würde einen gewissen Abstand aufbauen? Denn wer gut auf sich und sein Umfeld achtet, zieht auch die richtigen Partner in allen Lebensbereichen an. Wir sollten in allen Belangen bedenken, dass jeder Mensch sich das perfekte Lernumfeld geschaffen hat. Und wenn er darin genug gelernt hat, wächst und entwickelt sich dies auch wieder weiter. Zu allen Beziehungen gehören immer mindestens zwei, was wiederum bedeutet, dass wir uns alles freiwillig antun und so auch freiwillig stets eine heilsame Wandlung zu vollziehen in der Lage sind. Denn wir halten so lange an unheilvollen Beziehungen fest, wie wir davon einen gewissen Vorteil verspüren. Selbst wenn dieser »Vorteil« einfach darin liegt, sich selbst nicht entwickeln zu müssen, solange man jemanden »Bösen« hat, auf den man all die Schuld für die eigene Unzufriedenheit emotional und gedanklich ablegen kann. Wir sind Schöpfer unserer Welt! Und bedenken wir immer: Je mehr wir uns selbst lieben, desto mehr Liebe und Verständnis haben wir, wenn wir anderen entgegentreten.

Ehrlichkeit. Ehrlichkeit muss in einer Beziehung oberste Priorität besitzen. Wer stets der Wahrheit nachgeht, kann sich selbst besser erkennen und täuscht sich nicht so leicht in sich selbst wie im Anderen. Wahrheit um jeden Preis allerdings muss nicht sein, jeder kann und darf seine kleinen Geheimnisse bewahren. In unserer Kommunikation sollten wir auf beiden Seiten sinnlose Ehrlichkeit, also unnötig verletzende und nicht zu ändernde Dinge auszusprechen, vermeiden. Sinnvolle Ehrlichkeit ist die Ehrlichkeit, die eine Beziehung durch Aussprache voranbringen kann, auch wenn sie am Anfang schmerzhaft ist. Doch dieses »Sich-Öffnen« und die Bereitschaft, seinen inneren Zustand aufrichtig mitzuteilen, schaffen auch Nähe und Intensität. Sinnvolle Ehrlichkeit, wenn sie gelingt, stärkt die Beziehung.

Humor und Partnerschaft. Wir sollten vielen Facetten des Lebens mit mehr Humor begegnen und nicht in der Schwere verharren. Wir sollten lernen, über alles gemeinsam zu lachen. Denn das Lachen kann Blockaden und Ängste aufbrechen und angestaute Energien in Fluss bringen.

Wir dürfen auch übereinander lachen. Aber wir sollten vorsichtig sein mit unseren Worten. Was wir als Spaß verstehen, kann für den anderen eine Verletzung sein. Besonders in schwierigen Zeiten, in denen zum Beispiel Wunden eines früheren Streits noch nicht geheilt sind, kann sich der andere durch witzige Bemerkungen schnell nicht ernst genommen fühlen. Doch wenn man darüber herzhaft lachen kann, dann können sich tatsächlich auch Blockaden lösen, und wir können sie loslassen. Denn durch das Lachen entzieht man einer Situation die Schwere und somit die Energie. So kann Humor eine wunderbare Verbindung zum wachsenden Vertrauen darstellen. Der Volksmund kennt den Spruch: »Was sich liebt, das neckt sich.« Das funktioniert vor allem in guten Zeiten. Damit beweisen wir einander, wie gut wir miteinander vertraut sind.

Liebe und Sexualität

Auf Liebe und Verliebtsein bin ich schon im letzten Kapitel eingegangen. Hier möchte ich dieses Thema verknüpft mit der Sexualität vertiefen.

Verliebtheit. Verliebtheit ist ein Rausch, eine Resonanz, eine sexuelle Begierde. Die Resonanz besteht darin, dass das, was uns am anderen fasziniert, in irgendeiner Form in uns selbst angelegt ist. Es mögen auch noch gewisse in den Genen angelegte Programme aus der Urzeit eine Rolle spielen. In Urzeiten ging es darum, einen gesunden Nachwuchs mit guten Genen zu bekommen: Männer suchen gut gebaute, fruchtbare Frauen und Frauen starke Männer.

Zunächst reagieren wir auf äußere Faktoren wie Aussehen, Ausstrahlung, Haltung, Status oder Ähnliches. Ob wir für die Reize des anderen Menschen empfänglich sind, darüber entscheiden nun ganz bestimmte Botenstoffe. Denn wenn das begehrte Wesen in unser Schema passt, beginnt das Gehirn sofort, dies in Sekundenschnelle zu verarbeiten, und veranlasst die Ausschüttung spezieller Hormone. Diese Hormone sind die Basis eines jeden Liebesglücks. Eine Vielzahl von Hormonen wirkt nun auf das Verhalten des Menschen ein. Bei Männern erhöht sich der Testosteronspiegel und bei Frauen das Östrogen. Das Adrenalin der Nebenniere, das normalerweise für Flucht und Angriff verantwortlich ist, wird bei Stress ausgeschüttet. Dies geschieht hier durch den positiven Stress, macht weiche und zittrige Knie und bringt das Herz zum Rasen.

Dopamin begünstigt die Verliebtheit, macht euphorisch und lenkt unsere Aufmerksamkeit auf die schönen und angenehmen Dinge. Dieses »Aufputschmittel« wird besonders dann freigesetzt, wenn ein Mensch eine Belohnung erfährt. (Ein niedriger Dopaminspiegel führt zur Lustlosigkeit.)

Der Serotoninspiegel ist dabei drastisch verringert. Serotonin sorgt für Ruhe und Ausgeglichenheit. Dieses Hormon fehlt den Frischverliebten fast völlig. Der Spiegel ist so niedrig wie sonst nur bei psychisch kranken Menschen, wobei einem das Verliebtsein ja wirklich fast den Verstand rauben kann. Es produziert einen Zustand partieller Unzurechnungsfähigkeit. So lässt sich durchaus feststellen, dass sich Verliebte ein bisschen verrückt verhalten.

Neben vielerlei körpereigenen Opiaten, die uns das Schmetterlingsgefühl im Bauch bescheren, nimmt auch der Oxytocinspiegel zu. Oxytocin kann man auch als »Kuschelhormon« bezeichnen. Es verstärkt die emotionale Bindung an den Partner.

Übergang in die Liebe oder Trennung. Naturgemäß schwächt sich diese hormongesteuerte Phase nach circa sechs Monaten ab. Nun spielen die Hormone weniger verrückt. Je stärker die emotionale Bindung wird und je mehr der Serotoninspiegel sich wieder erhöht, umso mehr hemmt die für die Bindung typische

Hormonlage diejenigen Botenstoffe, die die sexuelle Lust, das Verlangen und das Verliebtsein anfeuern.

Wenn die Verliebtheitsphase, die mit der individuellen Resonanz und einer Abfolge von Hormonausschüttungen einhergeht, vorüber ist, entsteht ein anderes Verhältnis zwischen den Partnern. Hier sollten sich dann ein tiefes Vertrauen und eine tiefe Liebe entwickeln. Hierzu ist die Selbstliebe beider Partner ausgesprochen wichtig.

In dieser Phase treten oft bereits die ersten Zweifel auf, ob die Beziehung überhaupt noch Bestand hat. Das Gegenüber wird jetzt zunehmend mit normalen Augen betrachtet, es schrumpft quasi auf »Normalgröße«. Ausgestattet mit einer realistischeren Wahrnehmung stellt man möglicherweise fest, dass der Partner nicht zu einem passt, und es kann zu einer Trennung kommen.

Sex in der Phase der Liebe. Es wäre ein Irrtum zu glauben, eine liebevolle Beziehung müsse das erotische Begehren und den aktiven Sex der Anfangszeit bewahren beziehungsweise sie werde definiert durch die Qualität der erotischen Erfüllung. Man sollte Sex eher als die Initialzündung oder den Urknall der Beziehung sehen, und er ist ein starkes Bindemittel für die weitere Partnerschaft. Die sexuelle Aktivität kann im Laufe der Beziehung nachlassen, und viele reden an dieser Stelle dann schon von einem »langweiligen Bruder-Schwester-Verhältnis«. Man ist der Meinung, die Beziehung laufe im Grunde falsch, weil das erotische Begehren nachlässt, und mit anderen Partnern würde dies nicht geschehen. Und man ist ebenfalls der Meinung, dass der Partner für Abwechslung und Spannung im eigenen Alltag zu sorgen habe. Beziehungszweifel und Optimierungswahn werden eine »normale« Beziehung zerstören. Den anderen von Herzen zu lieben und sich dessen Liebe dankbar bewusst zu sein reicht oftmals für eine Beziehung nicht mehr aus. Einfach nur mit dem Partner zufrieden zu sein scheint in der heutigen Welt schwer geworden zu sein. In vielen Köpfen läuft die versteckte Suche nach der vermeintlich wirklich großen Liebe und dem wirklich großen Glück, wie wir es in romantischen Liebesromanen und aus den Märchen kennen. Wir wollen immer mehr und mehr und wollen nicht erkennen, welchen großen Schatz wir besitzen.

Bedenken wir hier auch die biologischen Hintergründe des Sexualdrangs. Er ist evolutionär entstanden und dient der Erhaltung der Art und Rasse, so wie Appetit und Nahrungsaufnahme der Erhaltung des Individuums dienen. Sexualität ist im Ursprung also nicht für ein dauerhaftes Glück erschaffen und kann diesen Wunsch auch nicht erfüllen. Sie kann aber in inniger Verbindung mit Liebe eine große Nähe sowie Zufriedenheit und Sicherheit in einer lebenslangen Verbundenheit ermöglichen.

Über Sexualität sprechen. Die Sexualität entspricht einem jeweils individuellen Empfinden, und deshalb sollte alles, was damit in Zusammenhang steht, in Ordnung sein, solange es niemandem schadet. Die Kommunikation zwischen Paaren in Sachen Sex ist sehr gering. Der Grund sind Scham und Angst vor der Reaktion des Partners. Wir müssen uns trauen, mit unserem Partner über unsere Vorstellungen, Fantasien und Wünsche zu sprechen, sonst können wir keine erfüllende Sexualität erwarten. Die Bandbreite der Sexualität sollte man wie eine Klaviatur über mehrere Oktaven betrachten. Durch Erziehungsmuster und falsche Schamgefühle bedingt, verhalten sich viele Menschen in

Partnerschaften so, als würde jeder auf einem Klavier nur einige wenige Tasten bedienen, also nur wenige Töne anschlagen. Und dann sind sie der Meinung, dass dies der wahren Sexualität entspräche. Doch der Partner möchte oft andere Tasten betätigen, vielleicht sogar in einer ganz anderen Oktave. Er hat aufgrund seiner Prägungen, seiner Erlebnisse wie auch aufgrund seiner Veranlagung oftmals ein anderes Sexualempfinden und auch andere Vorstellungen. Irgendwo und irgendwie sollten sich die Partner dann treffen können.

Der Stellenwert der Sexualität. Dabei ist es wichtig, der Sexualität den richtigen Stellenwert in der Beziehung zuzuordnen, das heißt, man sollte sie weder über- noch unterbewerten. Sie spielt für die Partnerschaft eine große Rolle, wenngleich sie nicht das Wichtigste ist. Einerseits ist Sexualität ein bedeutender Trieb für die Erhaltung der menschlichen Rasse. Sie ist nicht primär dafür entstanden, um uns glücklich zu machen. Die erotische Anziehung dient dazu, dass Menschen, die sich zunächst fremd sind, sich voneinander angezogen fühlen und dabei ihre Zurückhaltung und Schamgefühle überwinden. Der ursprüngliche Sinn der Lust besteht also darin, über die Triebhaftigkeit ein erstes Zusammenfinden zu fördern.

Die Sexualität, isoliert betrachtet, berührt niemals die Seele, so intensiv sie auch empfunden werden mag. Man kann die Sexualität aber auch nicht einfach nur auf Lustgewinn reduzieren. Durch sie findet immer auch ein sozialer Austausch, eine körperliche Kommunikation statt. Während die Sexualität in erster Linie den Körper befriedigt, berührt die Liebe die Seele. Und wenn es gelingt, Liebe und Erotik zu vereinen, dann erleben wir eine herzliche und lustvolle Nähe. Dann wird Sexualität zu einer Symphonie. Je länger eine Beziehung andauert, desto mehr stabilisiert sich die Partnerschaft über die Seelenebene, und Sexualität wird nicht mehr zwingend als »Beziehungskitt« benötigt. Die Intimität zweier Körper sollte nun immer mehr auch zur Intimität zweier Seelen werden.

Durch liebevollen und lustvollen Körper- und Hautkontakt entsteht dann die intensivste Form der Nähe. Diese ermöglicht wiederum großes gegenseitiges Vertrauen, lässt neues Glück entstehen und bringt Harmonie in die Beziehung. Die Erfüllung in der Sexualität hängt vom Maß der individuellen Hingabe ab. Wir sollten mit Achtsamkeit unseren Körper, unsere Emotionen und unsere Sinneserfahrungen wahrnehmen und uns im Vertrauen immer mehr selbst entdecken. Berührungen bewusst in all ihrer Sanftheit zu spüren und sich darauf von ganzem Herzen einzulassen bringt neues Liebesempfinden in die Partnerschaft und fördert das Wachstum von Liebe und Vertrauen. Denn isoliert und zurückgezogen kann niemand wirklich glücklich werden. Aufmerksamkeit den eigenen liebevollen emotionalen und körperlichen Empfindungen gegenüber lässt die eigene Persönlichkeit wie auch die Partnerschaft aufblühen. So erfährt man immer mehr über sich und den Partner, und diese Art der Intimität ermöglicht eine intensivere Nähe und eine neue Entfaltung in allen Beziehungen.

Das verflixte Jahr. Nach circa drei bis vier Jahren kommt dann eine größere Prüfung für die Beziehung. Hier befinden wir uns im »verflixten Jahr«, das man früher auf das siebte Jahr legte, aber es tritt meist früher ein. Nach der Anthropologin Helen

Fisher scheinen hier die Hormone gegen die Partner zu laufen. Sie begründet dies damit, dass es sich vermutlich um ein Relikt der Urzeit handelt. Damals lebten die Urmenschen in Höhlen zu etwa 30 bis 40 Leuten zusammen. Dieses Rudel diente der gemeinsamen Sicherheit. Innerhalb dieser Gemeinschaft kam es zu Paarungen. Wurde ein Kind geboren, blieb das Elternpaar für die Aufzucht circa vier Jahre zusammen, nämlich so lange, bis das Kind sich selbst ins Rudel integrieren konnte. Um die genetische Lage stabil zu halten, schien sich nun die Hormonlage gegen die Eltern zu richten, damit sie sich trennten und neu paarten. Diese Situation, die in der heutigen Zeit ihren Wert verloren hat, kann uns nun in gewisser Weise voneinander entfernen. Wenn wir die Macht unserer Hormone verstehen, können wir in solchen Situationen erkennen, dass es nicht am Partner liegt. Nun sollte der Übergang zu einer noch tieferen Liebe gefunden werden.

Wahre Liebe ermöglicht, sich auf einer zwischenmenschlichen Ebene im tiefen seelischen und sinnlichen Empfinden zu begegnen, weil man den anderen in seinem So-Sein akzeptieren, respektieren und somit auch von ganzem Herzen lieben kann. Selbstliebe ist dabei eine ganz entscheidende Voraussetzung. Liebe heißt nämlich auch, sich selbst gütig anzuschauen und so sein zu lassen, wie man ist.

Bedenken wir dabei, dass über ein Drittel aller Ehen geschieden werden und mindestens ebenso viele Zweifel darüber bestehen, ob man sie fortführen will.

Und wenn wir uns trennen? Wir werden jedoch nach einer Trennung über das Resonanzprinzip immer wieder aufs Neue

Partner anziehen, die die gleichen Muster und inneren Verletzungen haben, wie sie auch in uns angelegt sind. Deshalb wird bei einer erneuten Partnerwahl in den wenigsten Fällen der Wiederholungszyklus durchbrochen. Solange es uns nicht selbst gelingt, uns aus den eigenen inneren Zwängen und unserer Bedürftigkeit zu erlösen, kann sich im Außen nicht viel verändern, da die Resonanz uns in Wiederholungen verstrickt. Das heißt, dass wir im Prinzip alle den Partner an unserer Seite haben, mit dem wir die Möglichkeit haben, uns weiterzuentwickeln. Wir können also die Aufgabe und die Chance wahrnehmen, miteinander in einem liebevollen Austausch zu leben und unsere Resonanz auf die verletzten Muster und falschen Erwartungen an uns selbst wie auch an unseren Partner loszulassen.

Selbstverantwortung. Jeder möge aus seinem Urvertrauen und seiner geistigen Anbindung die Verantwortung für sein Glück, seine Anerkennung und Liebe entwickeln, dann wird auch die Seele des Partners in dieser Harmonie erstrahlen.

Gott gab dem Menschen einen freien Willen, und wenn er über sein höheres Selbst die Verbindung zur geistigen Welt aufrechterhält, kann er selbst bestimmen, welchen Ausdruck er seinen Gefühlen, Trieben und Begierden gibt. Andernfalls funktioniert er im Spannungsfeld von Verstand, Gefühl und Erfahrung über die Sinne. Er nimmt dann ein scheinbar vorprogrammiertes Schicksal in Kauf, auf das er keinen Einfluss zu haben scheint, da das, was im Inneren unbewusst regiert, im Außen auf Verwirklichung drängt. Das Konstrukt aus Denken und Fühlen bestimmt sein Leben. Durch die Verbindung zu seinem höheren Selbst wird der Mensch in die Lage versetzt, einen anderen Wahrnehmungsstandpunkt gegenüber der Trias Verstand, Gefühl und sinnlicher Wahrnehmung einzunehmen. Er kann sich dann immer mehr aus dem Spannungsfeld von Gedanken und Gefühlen befreien.

Somit und mit dem Zulassen der Unterstützung des Himmels kann aus allem eine große und wunderbare Liebe entstehen.

Bei jeglicher Form der Unzufriedenheit sollte der Mensch zunächst seine wahren Bedürfnisse definieren und erkennen. Denn oftmals erlebe ich die Menschen etwas kopflos, gerade dann, wenn es um emotionale Angelegenheiten geht. Doch Herz und Verstand müssen im Einklang sein, dann sind die Freiheit sowie die notwendige Eigenverantwortung vorhanden, und alles kann sich glücklich fügen.

Unser freier Wille befähigt uns, uns trotz aller Blockaden, Spannungen und Kindheitsmuster für Vertrauen und Liebe zu entscheiden und uns auf die Liebe des Partners einzulassen. Dies bedeutet, sich bewusst der Nähe und den Berührungen, dem Empfinden von Liebe und Wärme, sexuellen Empfindungen und Freuden hinzugeben. Denn das Zulassen von Nähe und Erfüllung hängt immer vom eigenen Grad der Hingabe ab.

Freiheit in der Partnerwahl. Wenn es um Liebe und Beziehung geht, so verliert sich der Mensch oft in der Vorstellung von einer romantischen Liebe, die fernab jeglicher heutiger Realität und Notwendigkeit ist. Festgefahren in seinen Vorstellungen vereinsamt der Mensch schleichend immer mehr auch inmitten seiner vorhandenen Beziehungen. Das Problem liegt oft in der mangelnden Selbstwahrnehmung und einem mangelnden Bewusstsein für ethische Werte wie Mitgefühl, Vertrauen und Eigenverantwortung. In der heutigen Zeit haben wir in jedem Lebensalter die Freiheit, Partner und Lebensform neu zu wählen. Und genau mit dieser individuellen Freiheit kommt der Mensch oft nicht zurecht. Denn zu ihr gehört auch die Erkenntnis, dass man nicht alles haben muss, was man eventuell haben könnte; dass weniger manchmal mehr ist. Dass Besinnung auf die Partnerschaft eine größere innere Freiheit und Geborgenheit bietet, als Sehnsüchten im Außen nachzueifern. Dass die sogenannte freiwillige Unfreiheit in Form einer konsequenten Besinnung auf das, was ist, einen eher weiterbringt und damit einen langfristigen Weg von besserer Lebensqualität bietet als die kurzlebige Befriedigung. Da der Mensch aus mangelnder innerer Reife oft nicht weiß, was denn nun tatsächlich gut für ihn ist, fühlt er sich von der Wahlfreiheit überfordert und ist permanent unzufrieden mit dem, was er hat. Oftmals verschließt sich ein Partner, weil er die Sexualität aus der Jugend und Verliebtheitsphase vermisst. Anstatt eine neue, liebevolle und auf herzliche Nähe bezogene Form der Sexualität zu entwickeln, die noch mehr die liebevollen Herzensempfindungen mit einbezieht und eine intensivere Nähe ermöglicht, träumen solche Menschen dann oft von anderen Partnern, mit denen sie die totale und dauerhafte Erfüllung ihrer verborgenen Fantasievorstellungen erhoffen.

Solange die Selbstwürde nicht vorhanden ist, die zu Zufriedenheit führt, kann auch die Wertschätzung und ein würdevolles Verhalten, auch einem Partner gegenüber, nicht gelebt werden. So hat die Einsamkeit ihren Ursprung stets in der inneren Lebenshaltung und ist weniger abhängig von äußeren Umständen und Gemeinschaften.

Falsch verstandene Liebe. So sind wir auch schon beim Thema: Wie definiert man partnerschaftliche Liebe? Bei vielen Menschen verbergen sich dahinter in Wirklichkeit das Bedürfnis nach Besitzen des Anderen und der damit verbundene Wunsch nach Kontrolle. Ihre »Liebe« ist ausschließlich an eine Vorstellung und an ein äußeres Objekt gebunden, ohne emotionale, beruhigende, liebevolle Tiefe. Dies führt dazu, dass man bestimmte Erwartungen an den Partner stellt, und wenn der Partner nicht nach den eigenen Vorstellungen funktioniert, lässt man ihn fallen. Oder man bringt den Partner durch Unterdrückung und Manipulation dazu, dass er zu dem wird, was man von ihm erwartet. Damit wird seine individuelle Persönlichkeit negiert. Um dem Erwartungsdruck zu entsprechen, wird er zu einem »Neutrum«, und ein »gemütliches Elend« ist vorprogrammiert. Dies bedeutet eine Lebensqualität, in der der dominante Partner denkt: Mein Partner entspricht zwar nicht meinem Ideal, er ist mir viel zu schwach, aber so weiß ich wenigstens, was ich habe, und solange mir nichts Optimaleres begegnet, besitze ich wenigstens diesen. Alles erscheint ihm besser, als allein zu sein und mit sich selbst zurechtkommen zu müssen, denn dann müsste er seine Erwartungen auf sich selbst richten und feststellen, dass dies so nicht umsetzbar ist.

In einer solchen Beziehung lässt die sexuelle Nähe und Anziehung meist mehr und mehr nach oder kommt ganz zum Erliegen, weil ein aufrichtiges Interesse aneinander und ein liebevoller Blick für die jeweilige individuelle Schönheit und Kraft zunehmend fehlt.

Wertschätzung und Vertrauen. Sobald die partnerschaftliche Liebe jedoch als tiefe Wertschätzung und grenzenloses Vertrauen zu seinem Gegenüber definiert wird, ist der Mensch wieder in der Lage zu sehen, wie reich er doch beschenkt ist und dass es keine Selbstverständlichkeit ist, dass ein Anderer bereit ist, mit ihm seine Lebenszeit zu teilen. Dann fallen falsche Erwartungen von ihm ab, das übersteigerte Ego wird ruhiger, man betrachtet und fühlt weiser. Dann kann man den Anderen in seinem So-Sein akzeptieren und lieben: die Andersartigkeit als attraktiv und anziehend erfahren und den Anderen auch tatsächlich als Frau beziehungsweise als Mann sehen und nicht als ein möglichst neutrales Wesen.

Aus einer weisen Lebenseinstellung heraus kann man seine Erlebnismuster aus der Kindheit, die zu unglücklichen Verhaltensweisen führten, überwinden und die fest angezogene Bremse aus allen Beziehungen herausnehmen. Der Mensch kann immer mehr in sich ruhen und in tiefer Dankbarkeit seinen Reichtum erkennen und das Wohlempfinden in seinem Leben zulassen. Meist sind es nicht die tatsächlichen Umstände, die uns leiden lassen, sondern unsere Gedanken darüber. Im Ergreifen seiner Schöpferkraft und Eigenverantwortung kann jeder Mensch nur gewinnen. Je mehr er in seinem inneren Frieden und im Selbstbewusstsein ruht, umso mehr wird er sich selbst finden. Denn der verzweifelte Versuch, sein »Ich« und seinen Selbstwert im anderen Menschen finden zu wollen, führt nur in die Sackgasse und zu unglücklichen Wiederholungen in Beziehungen. Das Machtspiel zwischen Anziehung und Ablehnung hört auf, und an dessen Stelle kommt Klarheit und Akzeptanz. Der Unterschied zwischen Verliebtheit, also Selbstprojektion, und wahrer Liebe, also

Wertschätzung und Offenheit sich selbst und seinem Partner gegenüber, haben dann lebenslangen Bestand und kein schleichendes Verfallsdatum. Dann kann die Beziehung endlich ihren wahren Sinn erfüllen, nämlich den der Wertschätzung, der Geborgenheit und der inneren Reife. Hieraus kann sich dann auch die Sexualität in der Beziehung liebevoller weiterentwickeln und stets herzlicher, intensiver und vertrauenserfüllter werden.

So können wir ein Fazit aus allem ziehen, nämlich dass Dankbarkeit und Wertschätzung des Partners eine Beziehung stabilisieren und retten. Jede Beziehung beinhaltet eine große Chance, mehr über uns selbst zu erfahren, uns zu heilen, zu vergeben und allem in Liebe zu begegnen. In Wertschätzung und Dankbarkeit ist es möglich, liebevolle Beziehungen zu leben und so der Liebe einen Ausdruck zu verleihen. In der gegenseitigen Resonanz erkennen wir unsere Möglichkeiten und können herausfinden, was uns und unsere Liebe ausmacht und wozu wir fähig sind. Denn jeden Einsatz, den wir hier bringen, bringen wir in Wirklichkeit für unsere eigene innere Entwicklung, hin zur Güte und Liebe.

Abhängigkeit in der Beziehung

Wie ich in der Einleitung bereits beschrieben habe, trägt jeder Mensch eine tief sitzende Sehnsucht nach der himmlischen Heimat in sich. Diese kann nur über die geistige Anbindung, Selbstliebe und Urvertrauen gestillt werden und ihre Erfüllung finden. Viele unterliegen jedoch der falschen Vorstellung, dass diese Sehnsucht von einem anderen Menschen gestillt werden könne.

Verschmelzung mit dem Partner. Je nach Intensität von narzisstischen Störungen und melancholischer Veranlagung suchen viele ihre mangelnde Selbstliebe, ihre Geborgenheit, Sicherheit und Schutz bei einem Partner. Es entsteht hierbei fast immer eine Aufweichung der eigenen Grenzen, und es kommt zu einem Verschmelzen mit dem Partner unter Schwächung der eigenen Individualität. Nach dem Motto »Ich kann ohne dich nicht leben« entsteht ein unsichtbares energetisches Band, eine Art virtuelle Nabelschnur zwischen den beiden. Bei Frischverliebten ist dies durchaus ein erfreuliches, »Schmetterlinge im Bauch« produzierendes Gefühl. Es findet zu Anfang ein starker und beständiger energetischer Fluss mit emotionalem und gedanklichem Austausch statt, ganz unabhängig von der räumlichen Distanz der beiden Verliebten. Beim Fortbestand einer Partnerschaft dagegen kann es Irritationen und Abhängigkeiten mit sich bringen, die Unterdrückung, Manipulationen, ja manchmal sogar Ablehnung bis hin zu Aggression und Hassgefühlen auslösen können.

Die Ursache für den Verschmelzungswunsch. Die Sehnsucht nach solch inniger energetischer Verschmelzung ist oft auf ein ungelöstes Kindheitsthema mit den Eltern, meist mit der Mutter, zurückzuführen. Möglicherweise konnte sich der erwachsene Mensch bis heute nicht von der Mutter ganz lösen. Eine noch besonders starke emotionale Abhängigkeit von der Mutter zeigt sich manchmal auch an einer Hornhautbildung um die Fersen. Mehr dazu habe ich im Kapitel »Männliche und weibliche Kräfte in uns« geschrieben.

Die Bereitschaft für Abhängigkeit. Eine verschmelzende Abhängigkeit kann nur entstehen, wenn bei beiden Partnern eine innere – bewusste oder unbewusste – Bereitschaft dafür besteht. Niemand kann von einem anderen abhängig werden, wenn nicht eine beidseitige Bereitschaft vorhanden ist. Solche Beziehungen beinhalten aber immer auch unterschiedliche Machtpositionen. Meist ist einer der Macher und Beschützer mit besitzergreifenden Tendenzen, der Andere der infantil Anklammernde. In einer solchen Beziehung besteht immer auch die Gefahr, dass der Stärkere vom Schwächeren unbewusst energetisch ausgelaugt wird.

Die Vorstellung von romantischer Liebe. Wenn ein Mensch der Meinung ist – was in monogamen Partnerschaften leider oft vorkommt –, dass er nur in Verbindung mit der »besseren Hälfte« ein Ganzes darstellt, wird die Individualität, das Andersartige, die Besonderheit und somit auch die Polarität geschwächt, oftmals sogar gänzlich aufgehoben. Die Vorstellung einer romantischen Liebe, eines dauerhaften Verliebtseins, eines ewigen Ineinander-Verschmelzens und Abhebens sowie der Wunsch, die Welt immer als gemeinsames Ganzes zu erleben bedeuten letztendlich die Aufhebung der Polarität und führen zu einer Abhängigkeit vom Partner. Einer solchen Beziehung fehlt bald die Würze, sie wird langweilig und kreist nur noch um sich selbst. Beide werden sich immer ähnlicher. Die Unsicherheit angesichts der Andersartigkeit schwächt sich ab, und die gegenseitige Kontrolle verstärkt sich. Man hat jetzt scheinbar alles im Griff. Die jeweils eigenen Grenzen und Bedürfnisse verwischen sich. Es kommt zu einem ungesunden »Wir«, das immer mehr die Färbung des dominanteren Partners annimmt. Mit zunehmendem Bestehen einer solchen Beziehung werden sich dann oftmals die beiden Partner nicht nur im Wesen, sondern auch im Aussehen, in Mimik und Haltung immer ähnlicher. Hier sind nun beide Persönlichkeiten energetisch verschmolzen und haben jeweils ihre Individualität aufgegeben.

Das kann sogar bei alleinstehenden Tierhaltern geschehen. So ist mir vor einigen Jahren an der niederländischen Küste ein etwas beleibter Mann aufgefallen, der mit einer Bulldogge am Strand saß. Ich kann es noch bis heute nicht wirklich glauben, aber ihre Gesichter samt Ausdruck ließen sie wie Zwillinge erscheinen.

Einen anderen Fall erlebte ich in der Naturheilpraxis bei einem Ehepaar, Ende 60; beide hatten exakt die gleichen körperlichen Leiden. Wenn einer der beiden eine neue Krankheit bekam, und die häuften sich, bekam der andere sie circa sechs Wochen später auch. Es ist für manche geradezu eine Sucht nach einer solch starken Verschmelzung, in der die Partner in dem festen Glauben leben, ohne einander nicht mehr sein zu können. Oftmals wird eine solch intensiv grenzüberschreitende Beziehung, die den individuellen Raum für Verwirklichung immer mehr einschränkt, von einem der Partner als erdrückend und beengend empfunden. Und so manche Beziehung, die einst als die ganz große Liebe begann, endet durch zu große Nähe.

Den Partner freilassen. Das Geheimnis einer heilsamen und glücklichen Beziehung ist, unabhängig von den jeweiligen Charakteren, das gegenseitige liebevolle Freilassen der Partner. So kann die Polarität, die eine gewisse positive Spannung in der Partnerschaft aufrechterhält, bestehen bleiben. Jeder bleibt in sich, innerhalb seiner eigenen Grenzen, und übernimmt für sein Handeln und seine Gefühle die volle Verantwortung. Dies dient der eigenen Entwicklung und lässt jeden so sein, wie er ist. Die individuelle Einzigartigkeit jedes Partners bleibt erhalten. Eine solche Beziehung ist mit Leben, Vertrauen und Achtung vor dem Anderen erfüllt, und die psychischen Projektionen minimieren sich. So bestimmen die Partner bewusst über ihre Gefühle und nicht die Gefühle über die Partner. Jeder von uns ist ein Ganzes!

Die gesunde Trennung. Und wenn doch eine Trennung die beste Wahl ist für beide? Bei allen Trennungen von Partnerschaften, besonders bei solchen mit energetischen Abhängigkeiten, ist es ganz wichtig, sich nicht nur körperlich zu trennen, sondern die Beziehung auch mental, energetisch aufzulösen. Dazu zieht man sich zurück in die Meditation und wünscht innerlich dem Anderen aus liebevollem Herzen nur das Beste, verabschiedet sich in Liebe, bedankt sich für die gemeinsame Zeit und trennt symbolisch das energetische Band. Dabei nimmt man sich innerlich zurück und segnet lichtvoll die eigene Zukunft wie auch die des Ex-Partners.

Sonst bleiben ungute Anhaftungen bestehen, wo weiterhin Energien fließen und einen der Beteiligten schwächen und auslaugen können, da die »Verflossenen« auch noch nach Jahren Energie beanspruchen oder senden. Künftige Partnerschaften werden ebenfalls davon belastet. Nach klarer Trennung können beide wieder zu ihrer Individualität zurückfinden und sich in Freundschaft begegnen.

Blockaden aus dem Unterbewussten

Bewusstseinsarten

Unser Bewusstsein bildet die Grundlage unseres Seins, denn mit unserem Bewusstsein erschaffen wir uns unsere Wirklichkeit. All unsere Gedanken, Wahrnehmungen und Gefühle entsprechen nicht der wirklichen Realität, sondern bilden in uns eine individuelle »Realität« ab. Wir erleben die Realität nicht, wie sie ist, sondern wie wir glauben, dass sie sei. Unser Leben spiegelt uns eine Illusion. Unsere Wahrnehmungen von Dingen und Geschehnissen entsprechen nicht dem, wie sie wirklich sind, sondern wie sie sich uns darstellen. Unser Bewusstsein erschafft unsere Wirklichkeit. Wenn wir unser Bewusstsein verändern, so verändert sich auch unsere Wirklichkeit.

Die menschliche Seele und der menschliche Geist. Zum Verständnis der verschiedenen Bewusstseinsebenen füge ich einen kurzen Exkurs über die unsterbliche menschliche Seele und den menschlichen Geist ein.

Der Mensch ist im Prinzip ein geistiges Wesen, das in der Materie seine Erfahrungen sammelt. Wir Menschen bestehen nicht nur aus einem stofflichen Körper, sondern unser Leib wird beseelt von unserem Geist und unserer Seele. Geist und Seele sind göttliche Energien.

Der Geist ist eine übergeordnete Instanz, die für Denken, inneres Wissen und Klarheit verantwortlich ist. Es handelt sich um einen Lichtkörper, der den menschlichen Körper während der Inkarnation durchdringt. Dadurch sind wir in der Lage, über unser Überbewusstsein im ständigen Kontakt mit der »Akasha-Chronik« zu stehen, da der Geist eine dauerhafte Verbindung zu dieser »kosmischen Bibliothek« hält. Durch Klarheit unserer Gedanken können wir so über das universelle Wissen verfügen, das durch Erkenntnisse und Inspirationen in uns einfließt. Jeder von uns kennt bewusst wie auch unbewusst diese Kraft, wenn plötzlich Einfälle, Geistesblitze oder stimmiges inneres Wissen in uns einfließen.

Beim irdischen Ableben verlässt der Geist noch vor der Seele den sterbenden Körper und steigt dann, für mich über meine Hellsichtigkeit sichtbar, als weiß-silberne Energie nach oben in die »Akasha-Chronik«, speichert dort die bisherigen Lebenserfahrungen und das erlangte Wissen der jetzigen und aller bisherigen Inkarnationen ab und verweilt dort bis zu einer erneuten Wiedergeburt.

Was ist die Seele? Die Seele stammt von Gott, man kann auch sagen, sie ist ein Teil Gottes. Bereits die alten Griechen sprachen von der Seele als einer von den Göttern eingehauchten Lebenskraft. Die Seele ist unsterblich und Sitz der Emotionen. Die Seele entspricht unserem Wesenskern. Sie ist es, die in den wiederkehrenden Inkarnationen auf der Erde in einem materiellen Körper eine Weiterentwicklung hin zu einem liebevollen Zustand der

All-Liebe vollzieht, um so Gott immer ähnlicher zu werden. Ich sehe sie wie einen sonnig-gelben Lichtkörper, der den ganzen Menschen erfüllt und die Emotionen des Menschen in sich trägt. Die Seelenqualität ermöglicht uns dauerhaft die lichtvolle Entwicklung der inneren Werte. Die Seele tritt beim Sterbenden als Letztes aus. Nachdem der Geist den Körper schon verlassen hat, bleibt die Seele als reine Emotion zurück. Hier kann sie nochmals das Leben im reinen Sein unverfälscht und frei von der rationalen Beurteilungskraft des Geistes erleben. Nun zu den drei wesentlichsten Bewusstseinsarten.

Unterbewusstsein. Das Unterbewusstsein ist eine ganz wichtige Instanz zur Sicherung unseres Überlebens. Es schützt uns durch eine »gesunde« Angst, die vorsichtig sein lässt bei gefährlichen Ereignissen. Doch leider ist das Unterbewusstsein auch Sitz von vielen »ungesunden« Ängsten, die uns im Leben blockieren. Es existiert zunächst nicht aus sich selbst heraus, sondern wird nach und nach gebildet durch unsere Sinneseindrücke, die wir vom Beginn unseres Lebens an aufnehmen, und verfestigt sich dann immer mehr, sodass es für uns wie ein eigenständiges Gebilde wirkt. Mit diesen äußeren Sinneseindrücken stellen sich immer mehr Bewertungen ein. Mit der Zeit bestimmen dann die Sinneseindrücke, die gleich oder ähnlich bewertet werden, die Muster, die sich im Unterbewusstsein festsetzen. Und diese Muster bestimmen uns von nun an mit einer gewissen Eigendynamik. Das Unterbewusstsein wirkt als Steuerungsorgan in unserem Alltag, indem es Dinge anzieht, die wünschenswert und vielversprechend erscheinen, andere dagegen abstößt, die es als gefährlich einstuft.

Bewusstsein. Unter Bewusstsein verstehen wir all das, was wir in der Gegenwart im wachen Zustand bewusst erleben! Bewusstsein ist alles Geistig-Seelische, das irdische Erleben wie auch die spirituellen Erfahrungen und all das, was wir an Gedanken und Gefühlen, Erinnerungen und Erwartungen, Tagträumen und Ahnungen Tag für Tag erleben. Es ist also das Bewusstsein im wachen Alltag. Unser Alltagsbewusstsein wird vorwiegend durch unsere Sinneserfahrungen gebildet und auch beeinflusst sowie durch die mentalen und emotionalen »Raster« und »Filter«, anhand derer wir unsere Erlebnisse bewerten und einordnen.

Überbewusstsein. Beim Überbewusstsein, das oftmals auch als Göttliches Bewusstsein, kosmisches Bewusstsein oder Höheres Selbst bezeichnet wird, handelt es sich um eine Bewusstseinsform, die ganz offen für feinstoffliche, rein geistige Erscheinungen jenseits von Raum und Zeit ist. Es ist mit den höheren Dimensionen des Kosmos verbunden. Es unterhält ständigen Kontakt zur Akasha-Chronik, dieser himmlischen Dimension, in der alles Wissen vorhanden ist.

Ein harmonisches und heiles Leben findet seine Erfüllung, wenn der Mensch im Vertrauen zu sich, zu Gott und der Welt steht und wenn sich alle Bewusstseinsarten im Gleichklang befinden. Betrachten wir alles aus liebevollem Herzen, kann Heilung auf allen Ebenen geschehen, denn dem liebevollen Betrachter offenbaren sich die Zusammenhänge im Leben. So kommen wir in die Lage, unsere Unsicherheiten loslassen zu können. Zunehmend kann Vertrauen in alles Sein fließen. Es kann neuer Mut gefasst werden, das Leben mit neuem, liebevollem Gedankengut und gesunden Verhaltensweisen anzugehen. Im veränderten Handeln kann das Vergangene losgelassen werden, die Liebe und das Vertrauen werden gestärkt, und Heilsames kann geschehen.

Spüren Sie die liebevolle, lichtvolle und heilende Kraft vertrauensvoll in sich, und leben Sie in Freude, Frieden und innerer Ruhe. Achtsamkeit heißt, ein Bewusstsein dafür zu entwickeln, was uns guttut und was uns weniger guttut, was uns vielleicht sogar schaden könnte. Machen Sie alles in Ruhe, und schöpfen Sie immer wieder Kraft aus bewussten Momenten.

Die Entstehung blockierender Muster und falscher Glaubenssätze

Viele Menschen haben keine heilsame, glückliche und liebevolle Beziehung zu sich selbst, bevor Sie sich auf eine Partnerschaft einlassen. Sie können sich nicht annehmen und lieben, wie sie sind, sich selbst loben für Dinge, die sie gut machen, und sie können dem Wunderwerk Körper nicht dankbar für ihre Gesundheit sein.

Wie kommt es zu diesem weitverbreiteten Mangel an Eigenliebe und den häufig gestellten falschen Erwartungen in einer Beziehung, die Missverständnisse, Unzufriedenheit und Streit verursachen?

Traumatische Erlebnisse. Wir alle werden mit einem liebevollen Herzen geboren und lassen uns offen und vertrauensvoll auf das Leben ein. Durch Enttäuschung, Unterdrückung und andere angstvolle Einflüsse aber mussten wir unser Herz verschließen. Und je verschlossener wir waren, desto weniger konnten wir offen sein für spätere heilsame Erfahrungen. Dies ist der hauptsächliche Grund für den Mangel an Selbstliebe. Betrachten wir im Folgenden die Entwicklung eines Menschenlebens ab der Zeugung.

Die Entwicklung im Mutterleib. Das irdische Leben beginnt mit der Zeugung. Es beginnt ein kleiner Mensch im Mutterleib heranzuwachsen. Die Seele tritt hinein, und der Geist folgt im dritten Schwangerschaftsmonat. Mit dem Eintritt des Geistes legt sich ein Vergessenheitsschleier über das Wesen. Dieser hat die Aufgabe, alles Vergangene aus früheren Inkarnationen aus unserer Erinnerung fernzuhalten, damit wir unbelastet von vergangenen Erinnerungen, Vergleichen und Erlebnissen unsere neue Erdenreise beginnen können. Dies ist für die Weiterentwicklung der Seele absolut wichtig. Alte unbewusste karmische Irritationen können allerdings trotzdem eine Rolle in unseren Empfindungen spielen.

Das werdende Wesen erlebt bereits im Mutterleib die vorherrschenden Emotionen der Mutter. Wie sind die Gefühle der Mutter? Ist die Mutter dem Kind gegenüber liebevoll und freut sie sich auf die Begegnung, oder ist sie eher voller Angst und Ablehnung? Bereits bei der Geburt sind also schon gewisse Programme vorhanden.

Unbewusste Programmierung. Mit Beginn des neuen irdischen Lebens beginnt sich unser Unterbewusstsein mit den Sinneseindrücken nach und nach auszubilden. Dadurch werden unbewusste, meist frühkindliche Programmierungen im Unterbewusstsein abgespeichert. Diese Programmierungen werden wir in der Regel zeitlebens als »Wahrheit« ansehen, und sie bestimmen als Matrix unser Leben mit dem Ziel, emotionale Verletzungen, die wir erfahren haben, in der Wiederholung zu umgehen. So erschaffen wir uns unsere eigene Wirklichkeit. Aus den negativen Erfahrungen entstehen dann Filter, durch die jeder seine eigene Wirklichkeit erschafft, indem er die Eindrücke bereits filtert, bevor sie ihn wirklich erreichen. Es entstehen Glaubensmuster und Überzeugungen, die festlegen, wie unsere Außenwelt zu sein hat. Jeder erschafft sich seine individuelle, subjektive Welt, in der er sich bewegt und die ihm eine gewisse Sicherheit suggeriert. Es scheint keine wirklich objektive Realität zu geben, da sich jeder aus der unendlichen »Informationssuppe« nur das herausschöpft, was mit seiner individuellen Überzeugung übereinstimmt.

Nachdem das kleine Wesen auf die Erde gekommen ist, befindet sich seine Seele in einem hilflosen Körper. Im Mutterleib war es warm, und das Wesen war mit allem versorgt. Es gab keinen Mangel und keinerlei Bedürfnisse. Doch nun beginnen sich Bedürfnisse einzustellen. Hunger und eine Sehnsucht nach Nähe und Geborgenheit. Das Kind beginnt bald zu begreifen, dass es für seine Versorgung und für die Befriedigung seiner Bedürfnisse, die für sein Überleben notwendig sind, auf die Hilfe und das Wohlwollen anderer Menschen angewiesen ist. In dieser Abhängigkeit entsteht nun die Prägung der Persönlichkeit dieses kleinen Menschen.

Das Kind ist noch reine Empfindung und für sein Überleben vollkommen auf die Versorgung durch seine Eltern oder andere Menschen angewiesen. Die Eltern beziehungsweise die versorgenden Menschen geben dem Kind bald zu verstehen, dass manche Dinge ihnen gefallen, andere wiederum nicht, und sie signalisieren, dass sie gewisse Dinge auch erwarten. Die Aufgabe des Unterbewusstseins besteht in erster Linie darin, unser Überleben zu sichern. Das Unterbewusstsein des kleinen Menschen weiß, dass er nur überleben kann, wenn die Eltern sich nicht von ihm abwenden. Es bewirkt deshalb, dass sich der kleine Mensch an das Unterbewusstsein anpasst und tut, was von ihm erwartet wird. Und diese Programmierung ist auch später, beim erwachsenen Menschen, immer noch genauso aktiv wie damals, auch wenn es bereits mehrfach von neuen Erfahrungen überlagert wurde und für das Überleben nicht mehr vonnöten ist.

Die ursprünglichen Blockaden in diesem Leben entstehen, wenn das Kind von seinen Eltern und Bezugspersonen nicht nur Lob, sondern zu viel Tadel bekommt. Das Kind entwickelt dann ein Programm, um zu gefallen beziehungsweise zu überleben: Ich muss dies oder jenes tun, mich so oder so verhalten, um den Erwartungen und der Moral der Eltern zu genügen.

Da das Bewusstsein erst ab einem Alter von fünf bis sechs Jahren einsetzt, befindet sich das Kind bis dahin in einem offenen, programmierbaren Zustand. Deshalb sind wir zu einem großen Teil das, was uns einprogrammiert wurde. Gab man uns Lob, so tat uns das gut. Wir waren überzeugt von uns, und wir glauben auch später an uns. Tadelte man uns allerdings oft oder gab man uns zu verstehen, wir könnten gewisse Dinge nicht, dann glauben wir auch noch als Erwachsene, wir könnten nichts, und verhalten uns entsprechend.

Die Zeitwahrnehmung des Menschen verläuft logarithmisch und altersabhängig. Für ein Kind scheint die Zeit viel langsamer zu vergehen als für einen Erwachsenen. Durch diese veränderte

Zeitwahrnehmung konnten die Geschehnisse in der Kindheit subjektiv wesentlich länger auf uns einwirken und wirkten dadurch auch bedrohlicher. So konnten sie sich tiefer einprägen.

Die Phase der Ängstlichkeit. In den ersten drei Lebensjahren dominiert bei den Kindern die Ängstlichkeit. Kinder benötigen in dieser Phase rundherum Fürsorge, Schutz und Sicherheit, um vertrauensvoll ins Leben zu starten. Nach der chinesischen Lehre befindet sich das Kind im Funktionskreis Niere/Blase. Diesem Funktionskreis werden die Ängste zugeordnet, und er ist auch Sitz der Lebensenergie. Ein Mangel an Zuwendung und Sicherheit schwächt also lebenslänglich die Lebenskraft des Menschen.

Beispiel Sabine. Sabine, eine 41-jährige Frau, verheiratet, keine Kinder, berichtet mir von ihren Ängsten. Sie wirkt unsicher und ängstlich, steht etwas breitbeinig, um Halt zu finden. Ihr Allgemeinzustand ist eher schwächlich, angespannt, und sie wirkt ausgemergelt. Sie erzählt, als Kind habe sie offenbar viel geschrien. Ihre Mutter ließ sie auf den Rat der Großmutter hin allein, wenn sie schrie. So schrie sie nach den Erzählungen ihrer Mutter circa acht Wochen Tag und Nacht durch. Ihre Mutter kam lediglich alle drei bis vier Stunden zu ihr, versorgte sie, gab ihr zu essen, schloss dann die Tür, verließ das Haus und verbrachte die Zeit, da es zu Hause zu laut war, bei der Großmutter. Nachts sorgten dann Ohrstöpsel für die nötige Ruhe. Die Mutter sei bis heute stolz darauf, dass sie nach acht Wochen eine völlig ruhige und folgsame Tochter hatte. Sie bezeichnete sie als das liebste Kind, das man sich vorstellen könne.

Die Mutter-Kind-Beziehung, gerade in den ersten Lebensjahren, ist die wichtigste Beziehung für den Menschen und prägt ihn ein Leben lang. Man kann sie als den Urknall aller Beziehungen im Leben bezeichnen.

Das Kind hat in dieser frühen Phase noch keine andere Möglichkeit, zu kommunizieren oder sein Unwohlsein auszudrücken, als über das Schreien. Wenn dieses Kommunikationsprinzip funktioniert, lernt das Kind, sich auf sein Umfeld zu verlassen und Vertrauen in die Welt zu entwickeln. Reagieren die Eltern dagegen nicht auf diese Kommunikation, auf das »Rufen« des Kindes, so muss es begreifen, dass diese wichtige Mitteilungsmöglichkeit nicht funktioniert, und es wird verstummen. Es entwickelt sich zu einem in sich zurückgezogenen, schüchternen und ängstlichen Wesen.

Bei Sabine ist es heute so, dass sie nachts nicht allein schlafen kann, da sie sonst Ängste ergreifen. Sie arbeitet täglich nur halbtags, da sie danach bereits erschöpft ist. Auch der Haushalt fällt ihr schwer. Sie hat einen lieben und verständnisvollen Ehepartner, an den sie sich klammert und der sie quasi »lebt«. Sie möchte aus der inneren Enge ausbrechen, doch das Unterbewusstsein hält stark dagegen.

Nachdem sie einen Vortrag von mir besucht hatte, kam sie zu einem Heiler-Lehrgang. Sie traf mit einem starken fieberhaften Infekt ein, der sie unbewusst von Erkenntnissen und Veränderungen abhalten sollte. Aber sie konnte ihr »inneres Kind« so weit beruhigen, dass sie bis zum Ende des Kurses teilnehmen konnte. Sie erkannte ihr Grundproblem, begab sich auf meinen Rat in psychotherapeutische Behandlung und kann langsam mehr und mehr Vertrauen in das Leben fassen.

Die ersten drei bis sechs Jahre. Der Lebensabschnitt von drei bis sechs Jahren dient der Durchsetzung und der Auslotung des Willens und der Wünsche. Das Kind lernt sein Durchsetzungsvermögen und seine Grenzen kennen. Die Eltern sollten das Kind mit Verständnis begleiten und liebevoll die Grenzen aufzeigen. Diese Phase ist für die Entwicklung des Kindes sehr wichtig. Eltern kennen sie als »Trotzphase«. Dieser Abschnitt ist dem Funktionskreis Leber/Galle zugeordnet. Er ist Sitz der Emotionen. Wird das Kind in dieser Phase zu sehr unterdrückt und bevormundet, so wird es die Aggressionen, die ausbrechen wollen, nach innen gegen sich selbst richten. Solche Menschen sind später angepasst und haben es schwer, ihre Befindlichkeiten auszudrücken.

Programme in uns. Aus den frühkindlichen Erfahrungen und Wahrnehmungen entsteht eine Programmierung, eine »Software«, die uns zeitlebens unbewusst steuert und an die wir glauben. Dies bedeutet, dass jeder von uns nach einem Programm lebt, das keiner von uns selbst geschrieben hat, sondern uns von anderen einprogrammiert wurde. So wird eine Vielzahl von prägenden Erlebnissen über das Unterbewusstsein gespeichert. Dieses ist im Grunde zwar unser Freund und möchte uns vor Gefahren warnen, um uns am Leben zu erhalten, aber durch frühe Fehlprogrammierungen führen wir oft ein zu angepasstes Leben, ohne eigene Freiheiten und Freuden. Dies stellt unser stets nach Anerkennung suchendes Unterbewusstsein zufrieden und gibt ihm das Gefühl, unser Überleben zu sichern. Deshalb bedarf es meist einer großen Anstrengung und Bewusstheit, um auch nur einen kleinen Schritt in Richtung einer heilen und freien Welt zu gehen. In den ersten Lebensjahren erleben wir bereits alle wichtigen Emotionen; wir spüren, wie es sich anfühlt, geliebt oder abgelehnt zu werden, sich einsam zu fühlen, introvertiert oder extravertiert zu reagieren, sich aggressiv oder passiv zu verhalten usw. Dies prägt unsere Sichtweise des Lebens, den Umgang mit uns selbst und den Mitmenschen.

Ein heranwachsender Mensch braucht vorbehaltlos Liebe, Lob, Anerkennung und das Wohlwollen der Erwachsenen, die seine Einzigartigkeit spiegeln. Anders hat das Kind keine Möglichkeit, seine wahre Identität zu erfahren. Zu Beginn unseres Lebens waren wir noch mit der Mutter verbunden. Wir waren also alle zuerst ein »Wir«, bevor jeder von uns ein »Ich« wurde. Wir alle brauchten Eltern, die uns die Gewissheit gaben, dass wir liebenswert sind, dass wir wichtig sind und dass man uns ernst nahm. Wir mussten uns sicher und stark fühlen und von Herzen angenommen. Wir mussten uns auf die Liebe der Bezugspersonen verlassen können. Dies entsprach unseren gesunden narzisstischen Bedürfnissen. Wurden diese Bedürfnisse allerdings nicht befriedigt, so nahm unsere Gefühlswelt Schaden. Ein Kind benötigt die Erfahrung, dass es sich auf seine Eltern und die Außenwelt verlassen kann. Denn nur wenn wir der Welt vertrauen können, können wir auch uns selbst vertrauen. Selbstvertrauen bedeutet, dass man seinem Können, seinen Wahrnehmungen, seinen Gefühlen und seinem Körper vertraut. Wenn auf das Vertrauen in die Liebe der Eltern dagegen kein vollkommener Verlass war, wenn das Kind sich von den Eltern nicht gänzlich angenommen fühlte und spürte, dass es die Liebe seiner Eltern nicht erringen konnte, entwickelte das Kind zunehmend ein Gefühl der Wertlosigkeit, des Misstrauens und der Angst. Die

Welt erscheint ihm fortan unberechenbar, vielleicht sogar feindselig und gefährlich. Das Kind befindet sich in einer angespannten Vorsichtshaltung und versucht, immer mehr alles unter Kontrolle zu halten. Und der erwachsene Mensch glaubt dann immer noch, dass ihn nichts und niemand überraschen und verletzen könne, wenn er alles unter Kontrolle hat. Er errichtet einen Schutzwall um sich und entwickelt Kontrollmechanismen und entsprechende Strategien.

Beispiel Alexa. In einem meiner Lehrgänge war Alexa. Alexa hatte eine eineinhalb Jahre jüngere Schwester. Beide Mädchen wurden in ihrer Kindheit von den Eltern bei kleinsten Anlässen massiv beschimpft und vom Vater mit Schlägen bestraft. Die Eltern stritten permanent. Und wenn richtig Streit zwischen den Erwachsenen herrschte, nahmen diese keine Notiz von den Kindern. Nur wenn die Eltern eine Beschwerde über die Kinder erreichte oder sie schlechte Schulnoten nach Hause brachten, ließen die Eltern voneinander ab, und die Aufmerksamkeit und angestaute Aggression richteten sich gegen die Mädchen. Das Unterbewusstsein der Mädchen registrierte sehr bald, dass die Mädchen vor den Übergriffen der Eltern umso sicherer waren, je mehr sich diese miteinander zankten. Stellte sich in der Familie dagegen Ruhe ein, drohte ihnen Gefahr.

Im Erwachsenenalter war Alexa nahezu unfähig, eine harmonische Partnerschaft zu führen. Denn sobald eine Beziehung harmonisch verlief, reagierte ihr Unterbewusstsein mit Panik, weil es einen schmerzhaften Angriff erwartete. So musste Alexa nach spätestens zwei Tagen Frieden wegen der geringsten Kleinigkeiten, die sie meistens geradezu suchen musste oder sogar selbst provozierte, zu zanken beginnen. Dieses unbewusst gesteuerte Verhalten verlieh ihr Sicherheit.

Alexa konnte sich schließlich die Ursache ihres Verhaltens bewusst machen und ist heute, im fortgeschrittenen Alter, fähig, eine Beziehung mit einem verständnisvollen Menschen zu führen. Ihre Schwester dagegen kann bis heute keine feste Beziehung aufbauen.

Erfahrungen als Bildersprache. Wir speichern alle Erlebnisse und Erfahrungen in einer emotionalen Bildersprache ab. Man kann sich dies so vorstellen, dass alle erlebten Emotionen in uns als Bilder oder Kurzfilme abgelegt sind. Im Laufe unseres Lebens ist so eine riesige virtuelle Sammlung entstanden, und viele dieser Filme und Filmfragmente laufen ständig in unserem Kopf ab. Da dem Unterbewusstsein diese emotional unterlegten Bilder und Filme vertrauter sind als das reale Leben, erscheint ihm diese beständige Filmflut wirklichkeitsnah, es glaubt an sie und spult sie pausenlos ab, und wir erleben sie immer und immer wieder aufs Neue. Es ist das dauerhafte Denken und Grübeln, das unser Gehirn nie zur Ruhe kommen lässt.

Die unwahre Wahrheit. Unser Gehirn ist ein riesiger Computer, dessen Software uns »lebt«, wobei wir aber glauben, es entspräche unserer Wahrheit. Dieser Computer aber wurde, wie schon beschrieben, nicht von uns selbst, sondern von außen, von anderen programmiert. So ist in uns, über unser Unterbewusstsein, ein »Raster« entstanden, durch das wir alles filtern, was wir hören, sehen, lesen und erleben, bevor wir es in uns hineinlassen. Hieraus entsteht dann unsere Vorstellung von der Wahrheit – ebenso wie der Umgang mit Empathie, Sympathie und Antipathie, Annahme und Ablehnung, Liebe und Angst, Erfolgs- und Mangeldenken, Glück und Unglück usw. Das Unterbewusstsein bestimmt unsere Wahrnehmungen, und wir können unser Leben nur über das gestalten, was wir wahrnehmen, und die Art und Weise, wie wir es wahrnehmen. Wir werden uns auch immer nur dementsprechend in eine Beziehung einbringen können.

Unser Denken ist deshalb oftmals nicht besonders produktiv und zielgerichtet, da es vorwiegend aus nicht zu Ende gedachten Gedanken und Gedankensprüngen mit Unterbrechungen besteht. So ist es zu erklären, dass wir Probleme, statt sie einer raschen Lösung zuzuführen, oftmals eine sehr lange Zeit mit uns herumtragen, ohne wirklich eine endgültige Klärung beziehungsweise Lösung zu finden. So spuken diese Gedankenfetzen ständig in unserem Kopf herum und kosten uns enorme Energie. Daraus resultieren dann Hektik und Unzufriedenheit bis hin zum Burnout.

Verantwortung übernehmen. Wenn wir unser Verhalten verändern wollen, ist es notwendig, dass wir für unser Denken, Fühlen und Verhalten konsequent die Verantwortung übernehmen. Jeglicher Glaube, dass jemand anderes dafür verantwortlich ist, hält uns in den Mustern gefangen.

Der wirklichen Wahrheit kommen wir dann näher, wenn wir Ursprung, Ursache und Macht dieser Gedankenbeeinflussung erkennen und dann durch Achtsamkeit für unsere Gedanken unser Sabotageprogramm mehr und mehr überschreiben und somit entschärfen. Dann können wir uns den realen Gegebenheiten in der Gegenwart zuwenden. Denn unsere Vergangenheit prägt uns zwar, doch erst unsere Entscheidungen in der Gegenwart machen uns zu dem, der wir sind und als der wir uns verhalten. Wir müssen aufhören, unsere alten Filme für die Wirklichkeit zu halten, und ihnen durch bewusste Achtsamkeit keine Energie mehr geben.

Heilung. Ein positives Selbstwertgefühl, Ur- und Gottvertrauen, Zuversicht, Liebe und Demut sind die besten Strategien, um die alten emotionalen Verletzungen zu heilen. Dann kann neuer Lebensmut und neue Freiheit erwachen, und falsche Verhaltensmuster können korrigiert werden. Wir können Heilung auf allen Ebenen erfahren.

Wir sollten erkennen, dass wir von Kindesbeinen an von den Eltern und der Gesellschaft eine moralische Vorstellung davon übernommen haben, wie wir zu sein haben und wie wir uns zu verhalten haben. Wir lernten auch, dass Glück, Zufriedenheit und seelisches Wohlbefinden vor allem von Äußerlichkeiten abhängen. Wir lernten, uns mit anderen zu vergleichen. Und wenn wir bei diesen Vergleichen schlecht abschnitten, hielten wir uns schnell für minderwertig, weil wir glaubten, dass es sehr viel wichtiger sei, was andere über uns denken, als das, was wir selbst über uns denken. Beruhigen wir also unser Unterbewusstsein, unser »inneres Kind«, und erkennen wir, dass wir all diese Muster nicht mehr brauchen und dass unser Überleben nicht von anderen, von ihrer Meinung und ihrem Wohlwollen abhängt. Erkennen wir unser lichtvolles und liebevolles Ich und uns als göttliche Wesen. Über unser liebevolles Herz und unsere geistige Anbindung steht uns die lichtvolle Hilfe des Himmels zur Verfügung. Spüren Sie die unendliche Liebe, die Ihnen aus dieser Verbindung zufließt, und lieben Sie sich selbst und die Welt von ganzem Herzen, und strahlen Sie diese Liebe aus.

Männliche und weibliche Kräfte in uns

Eine ganz wesentliche Voraussetzung für eine harmonische Beziehung im Innen wie im Außen ist die Ausgeglichenheit zwischen den weiblichen und männlichen Kräften in uns. Ein Einklang zwischen diesen beiden an sich polaren Kräften wirkt sich nicht nur auf die Eigenliebe und den inneren Frieden aus, sondern auch auf unser Verhalten in einer Partnerschaft und auf unsere Liebesfähigkeit. Ebenso auf Toleranz, Akzeptanz, Freiheit, Erfolg und Glück. Die männlichen und weiblichen Kräfte in einem Menschen sollten sich in einer harmonischen Ausgeglichenheit befinden. Hierbei sind durch das Vorleben der Eltern die meisten Irritationen entstanden.

In einer gesunden Eltern-Kind-Beziehung, in der das Kind Anerkennung und Geborgenheit findet, kann es ein gesundes Selbstvertrauen aufbauen. So entwickelt das Kind einen gesunden sozialen Umgang mit sich selbst und seinem Umfeld und kann diesen dann auch in eine Paarbeziehung einbringen.

Alles in unserer Welt befindet sich in einem polaren Spannungsfeld, und alle Prozesse spielen sich innerhalb der Polaritäten ab.

Betrachten wir die sexuellen Kräfte in einem Menschen, so sollten für ein glückliches Leben und eine erfüllte Beziehung beide Aspekte, der männliche wie der weibliche, im Ausgleich sein.

Wird einer der beiden Aspekte zum Extrem, dann kann der andere auch nicht funktionieren.

➤ Die männlichen Anteile sind vor allem: Mut, Kraft, Macht, Intellekt, Aufbau, Vorwärtsstreben.

➤ Die weiblichen Anteile sind vor allem: Liebe, Zuwendung, Hingabe, Demut, Weisheit, Ruhe, Frieden.

Störung des männlichen Aspekts. Eine Störung des männlichen Aspekts kann zum Beispiel entstehen, wenn ein Mensch als Kind eine übermächtige Dominanz und/oder Aggression eines Mannes, meist des Vaters, in seinem Umfeld erlebt hat. Es kann sein, dass er zugegen war, als der Vater die Mutter unterdrückte, wiederholt demütigte oder sogar schlug, oder dass er selbst vom Vater dominiert, gedemütigt oder geschlagen wurde. Eine Alkoholsucht des Vaters und ein cholerisches Temperament, sexuelle Übergriffe oder auch massive Forderungen beziehungsweise die Ausübung von Druck bei schulischen Leistungen, Unterdrückung und Ähnliches können das Vertrauen in Männer beziehungsweise den männlichen Wesenskern in einem Menschen sehr stark irritieren.

Männer mit irritiertem männlichen Aspekt. Störungen des männlichen Aspekts zeigen sich bei einem Mann vorwiegend durch mangelndes Durchsetzungsvermögen, zu nachgiebiges oder aggressives Verhalten und Unsicherheiten Vorgesetzten gegenüber. Es kann auch Arbeitswut durch Dauerstress entstehen. Erfolg wird nur in seltenen Fällen angezogen, da die Ideen meist nicht zielgerichtet verfolgt werden.

Ein Mann, der in seiner Kindheit eine starke männliche Dominanz erlebte und sich anpassen und unterwerfen musste, hat nie gelernt, sich gegen einen dominanten Menschen durchzusetzen. Er wird sich im späteren Leben Autoritäten gegenüber eher angepasst verhalten, deren Vorstellungen übernehmen und ausführen. Den damit auftretenden Unmut wird er hinunterschlucken. Zu Hause im gewohnten Umfeld können sich dann solche Unterdrückungen in mancherlei Weise entladen. Hier kann es zu aggressiven Ausbrüchen und Wutverarbeitungen kommen, und es ist oft viel Liebe und Verständnis der Partnerin nötig, um den häuslichen Frieden aufrechtzuerhalten. Wenn sie erkennt, dass seine Aggression nichts mit ihr zu tun hat, und innerlich die Ruhe bewahren kann, wird sich der Frieden schnell wieder einstellen. Wenn die Partnerin ihm uneingeschränkte Liebe vermitteln kann, so wird er sich immer mehr angenommen fühlen und seine Stärken und seine Durchsetzungskraft entwickeln können.

Beispiel Carl. Hier ein interessantes Beispiel aus einem Seminar. Carl war ein sehr lieber, weicher und äußerst angepasster 43-jähriger Jurist. Früher war er ein leidenschaftlicher Reiter gewesen. Nun hatte er bereits eine Bandscheibenoperation hinter sich, trug ein Korsett und konnte nicht einmal mehr mit dem Fahrrad fahren. Seine Mutter war früh verstorben, sein Vater und sein Großvater, beide Juristen, hatten bezüglich seiner schulischen Leistungen starken Druck auf ihn ausgeübt. Die Vorgabe war, dass er ein besonders gutes Abitur ablegen musste. Dies gelang ihm mit der Note Eins. Anschließend absolvierte er das Jurastudium, ebenfalls auf Verlangen der beiden älteren Herren, mit einem ausgezeichneten Abschluss. Lieber hätte er im künstlerisch-musischen Bereich studiert, aber da er keine Möglichkeit der Abgrenzung und Durchsetzung aufbauen konnte, wurde er Jurist.

Er arbeitete in einer großen Wirtschaftskanzlei. Sein Chef strahlte die gleiche Dominanz aus wie sein Vater und sein Großvater. Er hatte keine Chance, sich gegen das übergriffige Verhalten des Chefs zur Wehr zu setzen. So erledigte er, um der Anerkennung willen, alle ihm aufgetragenen Arbeiten zur Zufriedenheit des Vorgesetzten. Konnte er das Pensum nicht bewältigen, so nahm er Ordner mit nach Hause, um nach Feierabend und an Wochenenden weiter für die Kanzlei tätig zu sein. Die Psyche konnte dem Druck auf Dauer nicht standhalten. Er traute sich nicht, etwas zu ändern, und so schlug sich das Problem schließlich im Körper nieder. Seine starken Beschwerden im Lendenwirbelbereich hatten ihre Ursache in der jahrzehntelangen maskulinen Unterdrückung. Es stand auch ein neues Lebensjahrsiebt an, und die Seele wollte sich befreien. In diesem Zustand erschien er in einem meiner Heiler-Kurse.

Als er sein Problem erkannte und lernte, damit umzugehen, konnte er sich in kurzer Zeit wandeln und heilen. Er erzählte mir später voller Stolz, er habe es geschafft, seinem Chef einen Ordner vor die Füße zu werfen und ihm seine Meinung unverblümt zu unterbreiten. Danach konnte sich sein Leben entspannen. Er nahm auf meinen Rat die Unterstützung eines Psychotherapeuten in Anspruch und konnte wieder ohne Korsett seinem Hobby des Reitens nachgehen.

Frauen mit irritiertem männlichen Aspekt. Frauen mit einem gestörten männlichen Aspekt tendieren zu Businessanzügen, und man trifft sie in Berufen, die früher mehr von Männern ausgefüllt wurden. Sie sind oftmals auch mehr im männlichen Intellekt als in den weiblichen Emotionen zu Hause. Manche tragen auch eng anliegende, aufreizende Kleidung, um das männliche Geschlecht auf sich aufmerksam zu machen und von ihnen Anerkennung zu bekommen. Bei der Partnerwahl gehen sie gehäuft mit Männern in Resonanz, die eine dominante Mutter gehabt hatten. Sind sie bei der Partnersuche auf einen vermeintlich starken Typen fixiert, dann kann es passieren, dass sie dabei an »Machos« mit gestörtem weiblichen Aspekt geraten. Diese Männer, die wiederum Probleme damit haben, sich vertrauensvoll auf ein weibliches Wesen einzulassen, werden in einer Partnerschaft dann schnell dominant, kontrollierend und aggressiv.

Da bei Frauen mit stark gestörtem männlichen Aspekt generell eine unbewusste, versteckte Angst vor Männern besteht, verlieben sie sich auch oft in einen sanften, weichen Mann, der meist von einer dominanten Mutter geprägt ist. Vor diesem braucht sich das Unterbewusstsein nicht zu fürchten. Das Problem ist allerdings, dass er häufig nach einiger Zeit uninteressant wird, zu schwach wirkt und die Lust auf Sexualität zunehmend schwindet.

Ich habe bei Frauen mit einem stark gestörten männlichen Aspekt zwar intensive, aber selten harmonische Beziehungen erlebt, die ein Leben lang halten. Wenn erkannt werden kann, wo die Ursache der sich meist wiederholenden Probleme liegt, dann kann man über gemeinsame Paargespräche langsam gegenseitiges Vertrauen aufbauen, um sich mehr und mehr näherzukommen.

Ich empfehle zur Unterstützung gemeinsame Meditationen und die Partnerübung auf Seite 148.

Körperliche Beschwerden bei irritiertem männlichen Aspekt. Ein männliches Problem schwächt in der Regel den Bereich der Lendenwirbelsäule und/oder den Halsbereich (Schilddrüse), der ja für Ausdruck und Mitteilung steht.

Störung des weiblichen Aspekts. Eine Störung des weiblichen Aspekts kann unter anderem dann entstehen, wenn die Mutter in ihrer weiblichen Rolle zu dominant war und das Kind zu sehr bevormundete. Dies kann sich darin zeigen, dass die Mutter das Kind so sehr behütete, dass es kaum einen Schritt allein tun durfte, oder indem die Mutter ständig vorgab, wie das Kind sich zu verhalten hatte. Es kann aber auch sein, dass die Mutter sich mit ihrer Liebe zu sehr auf das Kind fixierte, es zu sehr an sich gebunden hat, um ihre melancholische Sehnsucht damit zu befriedigen. Es kann hier zu Missbrauch kommen, indem die Mutter das kleine Kind als »Partnerersatz« benutzt, indem es ihm ihre Probleme (zum Beispiel mit dem Vater des Kindes), Ängste, Sorgen und Gefühle mitteilt. Es kann von Müttern auch eine maskierte Dominanz ausgehen, etwa wenn die Mutter Gebrechen oder Krankheiten vorgibt, um das Kind zu manipulieren und an sich zu binden.

Wenn allerdings eine Mutter sich zu Hause als »General« aufspielt, der Vater schwach oder nicht vorhanden ist, so kann durch die »männliche« Dominanz, die in einem solchen Fall von der Mutter ausgeübt wurde – die in die männliche Rolle geschlüpft ist –, der männliche Aspekt in einem Menschen zugleich gestört werden.

Männer mit irritiertem weiblichen Aspekt. Bei Männern mit irritiertem weiblichen Aspekt besteht eine unbewusste, maskierte Angst vor Frauen. Betroffene können Frauen nicht vertrauen und haben Verlustängste. Bei einer Scheidung können Probleme beim Loslassen und somit Anhaftungen entstehen. Des Weiteren finden wir: Eifersucht, Aggression, oft Impotenz, Bindungsängste, im Extremfall Partnerschaftsunfähigkeit, Untreue. Männer mit irritiertem weiblichen Aspekt sind unterschwellig ständig auf der Suche nach der Frau, die ihre innere Leere füllt.

Das Beispiel zweier Ärzte. In einem meiner Heiler-Lehrgänge saßen zwei befreundete Ärzte – beide ausgestattet mit einer ausgeprägten Mutterproblematik. Der eine, ein 42-jähriger, gut aussehender Gynäkologe, hatte eine zweijährige Tochter, die 500 Kilometer entfernt bei der Mutter lebte. Er schaffte es nicht, seine Beziehungsangst zu überwinden, um mit der Freundin und Tochter eine Familie zu gründen. Er kannte das Grundthema und war in psychotherapeutischer Behandlung. Nun wollte er das Problem auf spirituellem Wege angehen. Am zweiten Tag des Kurses erkrankte er schlagartig an einem fieberhaften Infekt mit starkem Husten. Das Unterbewusstsein ließ die Öffnung nicht zu. Er musste schließlich den Kurs abbrechen. Von seinem Freund erfuhr ich dann, dass er eigentlich sein Singledasein nicht aufgeben wolle, da er bei der Damenwelt sehr begehrt war.

Der andere war ein großer und liebevoll wirkender Zahnarzt Ende 40. Er war in dritter Ehe verheiratet und hatte zwei Kinder. Er gab heimlich Partnerschaftsannoncen auf, auf der Suche nach der Frau, die ihn endlich verstehen und ihm die Liebe und Erfüllung bringen sollte, die er in sich selbst nicht fand. Er konnte sein Thema begreifen und damit beginnen, sich selbst anzunehmen, und die Liebe und Anerkennung, nach der er stets auf der Suche war, schließlich in sich finden. Er besuchte bei mir alle drei Lehrgänge und wurde zusehends entspannter, erfüllter und glücklicher. In seiner Familie fühlte er sich nun endlich angekommen, und die ewige innere Suche hatte ein Ende.

Frauen mit irritiertem weiblichen Aspekt. Solche Frauen wirken sehr weiblich und sind meist rührend um die Familie, um Mann und Kinder bemüht. Sie haben die Tendenz zur Abhängigkeit und Unselbstständigkeit. Sie sind bei anstehenden Entscheidungen oft hilflos und unschlüssig und suchen unbewusst Hilfe bei der Mutter, nach dem Motto: »Mama, ist das auch richtig, wie ich mich entschieden habe?«

Körperliche Beschwerden bei irritiertem weiblichen Aspekt. Ein weibliches Problem schwächt in der Regel den Bereich des Nackens und/oder den Bauch und Unterleib. Als Zeichen einer extremen Belastung des weiblichen Aspekts kann sich, unabhängig vom Geschlecht, eine teils starke Verhornung um die Ferse oberhalb der Lauffläche bilden.

Beispiel Julia. Julia war das jüngste von drei Kindern – das Nesthäkchen und der Liebling ihrer Mutter. Beide waren ein Herz und eine Seele. Ihre erste Partnerschaft hielt acht Jahre, der Mann verließ sie nach dem Abschluss seines Studiums. Den zweiten Freund heiratete sie, und sie bekamen drei gemeinsame Kinder. Sie war eine rührige Mutter und ging ganz in der Familie auf. Das sexuelle Interesse ging nach der Geburt der Kinder fast vollkommen verloren. Sie lebte ausschließlich für ihre Kinder. Für alle anstehenden Entscheidungen holte sie sich den Rat der Mutter ein. Als sie 53 Jahre alt wurde, waren alle Kinder aus dem Haus. Ihr Leben war von da an unerfüllt, und sie wurde zunehmend depressiv. Ihre Mutter, die in der Nachbarschaft wohnte, besuchte sie fast jeden Tag.

Gebärmutter und Eierstöcke wurden bei Julia im Alter von 48 Jahren operativ entfernt. Die weiblichen Unterleibsorgane sind eine bevorzugte Schwachstelle des irritierten weiblichen Aspekts bei Frauen. Julia hat sich im Laufe des Lebens in ihrem Aussehen ihrer Mutter immer mehr angenähert. Ich bat sie, mir ihre Fersen zu zeigen, und ich war sehr überrascht: Niemals zuvor habe ich eine so extrem ausgeprägte, dicke Hornhaut mit vielen tiefen Einrissen gesehen.

Eine Unausgewogenheit in den Aspekten der Persönlichkeit, die durch weibliche oder männliche Kräfte oder entsprechende Vorbilder irritierend geprägt wurden, ist eine der häufigsten Ursachen für einen Mangel an Harmonie der Persönlichkeit. Sie ist sogar die Hauptursache für Disharmonien in einem Menschen selbst und in seinen Beziehungen.

Der Einfluss der Gedanken. Für die Qualität unseres Lebens ist es deshalb von großer Wichtigkeit, wie unsere Gedanken geschaffen sind, denn so, wie wir denken, so leben wir. Jeder Gedanke ist ein Baustein unseres zukünftigen Schicksals. Unsere vorherrschenden Gedanken formen unser Schicksal, unser Umfeld und unsere Lebensumstände. Durch sie ziehen wir auch die entsprechenden Menschen in unser Leben.

Unser Unterbewusstsein speichert alles, was unserer individuellen Meinung nach das Leben ausmacht. Durch unsere Gedankenkraft wird das Unterbewusstsein von uns fortlaufend genährt und so auch unser Leben gestaltet. Unser Glaube und unsere Vorstellungen müssen dabei nicht immer richtig sein, aber da wir es glauben, können unsere Vorstellungen Wirklichkeit werden. So erschaffen wir uns unsere eigene Welt über unsere Vorstellungen und sind somit der Urheber von vielem, was uns widerfährt. Machen wir uns also bewusst, dass jeder für seine Lebenssituation, sein Verhalten und seine Partnerschaft sowie für Freude, Glück und Erfolg selbst die Verantwortung trägt und dass auch nur er selbst eine Veränderung herbeiführen kann.

Achten Sie allem gegenüber immer auf ein positives Gedankengut. Wenn Sie auch nur eine einzige negative Lebenseinstellung durch eine positive austauschen, kann sich bereits etwas in Ihrem Leben zum Positiven hin verändern. Es ist wichtig, auf seine vorherrschenden Gedanken, sowohl auf die positiven wie auch auf die negativen, zu achten und sich ihrer bewusst zu werden.

Gedanken und Gefühle. Unsere Gedanken lösen Gefühle in uns aus, die die emotionalen Erlebnisse aus der Vergangenheit ausdrücken. Selbst in neuen Situationen reagieren wir mit den alten Emotionen, weil diese uns unbewusst vertraut sind, selbst wenn sie heute nicht mehr angemessen sind, sondern eher hindernd wirken, oftmals sogar zerstörerisch. Viele Gedanken, Gefühle und Reaktionen, die in einer heutigen Situation auftreten, haben ihre Ursache in frühkindlichen Verletzungen. Es geht also darum, uns von den alten, unbewussten, nun nicht mehr passenden »Überlebensstrategien« zu befreien, um nicht in einem schier unendlichen Kreislauf von sich gleichenden Situationen und Problemen festgefahren zu sein. Der Schlüssel zur Freiheit liegt im Erkennen unserer unbewussten Überzeugungen.

Positive Gedanken. Achten Sie vermehrt auf ein liebevolles und lichtvolles Gedankengut, und gehen Sie gelassener und humorvoller mit sich, dem Partner und den Geschehnissen um. Humor ist eine starke natürliche Kraftquelle. Das Leben und die alltäglichen Erfahrungen werden erträglicher, wenn man sie mit Leichtigkeit nimmt. Betrachten Sie sich selbst mit mehr Humor, und hören Sie damit auf, sich selbst so ernst zu nehmen. Umarmen Sie innerlich sich und die Welt, und erfreuen Sie sich an den kleinen Dingen. So erschaffen Sie sich ein selbstverantwortliches Leben in Liebe, Glück und Erfolg. Seien Sie bereit und offen für eine lichtvolle Partnerschaft. Und bedenken Sie immer: Solange wir uns unserer Gedanken und Taten nicht bewusst sind, werden unser Sein und unser Alltag vom Unterbewusstsein gesteuert. Hindernisse im Leben entstehen in unserem Kopf und Komplikationen durch komplizierte Gedanken. Darum ist es wichtig, dem Fluss zu vertrauen und keine festen Vorstellungen von Geschehnissen, Mitmenschen und Partnern zu haben. Die Devise heißt: loslassen und vertrauen statt festhalten und kontrollieren. Unsere Welt, in der wir leben, wird von unseren vorherrschenden Gedanken geformt: »Euch geschehe nach eurem Glauben.«

Sehen wir alles mit liebenden Augen und mit dem Herzen, dann wird uns auch vermehrt Liebe und Herzlichkeit begegnen. »Wenn ihr nicht umkehret und werdet wie die Kinder, so werdet ihr nicht ins Himmelreich kommen.« Jesus spricht hier vom Umkehren, also dem Loslassen von einem falschen Ego, von Gedanken, Gefühlen und Vorstellungen. Kinder zeigen spontan ihre Liebe und Freude, sind glücklich und verspielt, haben keine Zukunftsängste und verharren nicht in Sorgen. Dagegen sind Unsicherheit, Misstrauen und Angst machtvolle negative Gefühle, die ein großes blockierendes und zerstörerisches Potenzial besitzen. Alle Gedanken, die oft unbewusst verlaufen und mit einem starken Gefühl verbunden sind, manifestieren sich schneller und mächtiger, im positiven wie im negativen Sinne.

Erkennen Sie das Schöne und Liebevolle in Ihrem Umfeld, und gehen Sie voller Vertrauen durch die Welt.

Seien wir achtsam, erkennen wir unsere Begrenzungen durch die einengenden Lebensvorstellungen und beginnen wir endlich damit, sie immer mehr loszulassen. Wahre Liebe kennt keine Blockaden und Begrenzungen. Wenn wir die Liebe in unser Leben lassen, können wir uns zunehmend von den Ängsten, die uns in den alten Mustern verharren lassen, verabschieden, und die liebevolle und freilassende Liebe kann sich in uns immer mehr ausbreiten. Indem wir uns vermehrt mit liebevollen Gedanken beschäftigen, erschaffen wir uns gleichzeitig auch einen zunehmend liebevolleren Wesenskern wie auch eine liebevolle Umwelt.

Wenn wir Harmonie und Liebe als Normalzustand verinnerlicht haben, werden Harmonie und Liebe unser Begleiter sein. Dies wiederum hat dann eine positive Auswirkung auf eine erfüllende und glückliche Partnerschaft wie auch auf Erfolg und Wohlstand.

Wenn Sie feststellen, dass Sie in Ihrem männlichen oder weiblichen Aspekt stark blockiert sind, können Sie dazu eine Meditationsübung machen. Führen Sie sie zwei- bis dreimal die Woche durch, und Sie werden bald feststellen, dass Sie sich immer ausgeglichener fühlen.

Übung zur Harmonisierung der männlichen und weiblichen Kräfte in uns

Setzen Sie sich bequem hin, und atmen Sie mehrmals tief durch. Konzentrieren Sie sich ganz auf Ihren Atem, und lassen Sie ihn immer gleichmäßiger und harmonischer werden.

Machen Sie nach dem Ausatmen und nach dem Einatmen jeweils für einige Sekunden eine Atempause.

Stellen Sie sich vor, wie am Horizont eine Sonne aufgeht und immer weiter aufsteigt. Spüren Sie die wärmenden Strahlen auf Ihrer Haut, und empfinden Sie Liebe und Wärme in Ihrem Herzen.

Lassen Sie sich ganz auf Ihren befreienden Atem und auf die wärmende Sonne ein.

Lassen Sie auftauchende alte Erinnerungen, Empfindungen, Gedanken, Bilder und Gefühle vorbeiziehen. Gehen Sie ihnen nicht weiter nach, sondern beobachten Sie sie neutral, und lassen Sie los.

Lassen Sie nun eine rosafarbene Lichtkugel in Ihrem Herzen entstehen und lassen Sie diese sich ausdehnen. Fühlen Sie sich von dem rosafarbenen Licht und vom Empfinden grenzenloser Liebe eingehüllt.

Sprechen Sie nun das Vergebungsgebet von Seite 175.

Empfinden Sie tiefe Dankbarkeit und Liebe in Ihrem Herzen. Erlauben Sie sich, glücklich zu sein und sich auf ein erfülltes Leben voller Freude einzulassen.

Kommen Sie nun mit einem inneren Lächeln wieder ins Wachbewusstsein.

Lebensjahrsiebte

Auch wenn ich die Lebensjahrsiebte in anderen Büchern bereits beschrieben habe, so möchte ich hier doch nochmals auf die spezifischen Qualitäten und Entwicklungsthemen kurz eingehen, und zwar bis zum neunten Lebensjahrsiebt, da die bis dahin enthaltenen Entwicklungsschritte verstärkt in die zwischenmenschlichen Beziehungen hineinspielen. Jedes der Jahrsiebte hat sein spezielles Thema. Ereignisse, Entscheidungen, Situationen, Begegnungen usw. in einem Jahrsiebt haben einen Bezug zu den entsprechenden Themen.

Um die Individualität, das *Ich* des Menschen zu verstehen, ist das Wissen um gewisse Gesetzmäßigkeiten in seiner Entwicklung sinnvoll. Das Betrachten der Lebensjahrsiebte kann hierbei eine Orientierungshilfe bieten. Die Zahl Sieben gilt unter anderem als die Zahl der Entwicklung, was sich auch in den sieben Schöpfungstagen der Genesis widerspiegelt.

Eine Paarbeziehung ist die tiefste und persönlichste Beziehungserfahrung im Leben. Sie ermöglicht eine intensive Auseinandersetzung mit einem anderen Menschen und somit auch mit sich selbst. Nichts fordert im Erwachsenenalter die individuelle Entwicklung so heraus wie eine konstruktive Paarbeziehung. So betrachte ich das Wissen über die Entwicklungsschritte innerhalb der Lebensjahrsiebte für die beiderseitige Entwicklung wie auch für das Erkennen und Bewältigen eventuell auftretender Krisen als durchaus sinnvoll.

Entwicklungsschwerpunkte. Wenn Sie sich bewusst machen, dass bestimmte Lebensphasen mit speziellen Lebensthemen zu tun haben, dann werden Sie auch besser nachvollziehen können, dass mögliche Ursachen für Unsicherheiten und Disharmonien in der Partnerschaft mit Ihrer eigenen beziehungsweise mit der Entwicklung Ihres Partners zusammenhängen können. Hier nun eine kurze Übersicht zu den Lebensabschnitten und ihren typischen Themen anhand der Lebensjahrsiebte.

0–7 Jahre:
Vom »Es« zum »Ich«, Nachahmen, Aufnehmen und Spiegeln der Welt. Das Kind will an eine gute Welt glauben. »Die Welt ist gut.«
Diese Phase dient der Stärkung und Stabilisierung der Seele, des Geistes und des Körpers. Der Mensch braucht Erdungskräfte, während sich seine Seelen- und Geisteskräfte in Verbindung mit dem Körper stärken. Hier sollte für das Kind die Welt gut sein. Das Kind hat die vergangenen neun Monate im Schoß der Mutter verbracht, war behütet, in Wärme geborgen und wurde über eine Nabelschnur mit allem Notwendigen versorgt. Diese physische Nabelschnur wurde nach der Geburt zwar durchtrennt, doch das Kind bleibt eng mit der Mutter verbunden und von ihr abhängig. Die physische Nabelschnur wurde durch eine energetische Nabelschnur ersetzt. In dieser engen, abhängigen Bindung

entwickelt sich nun der Mensch in seinem ersten Lebensjahr-siebt. Je älter das Kind wird, umso mehr entwickelt es sich aus dem Seelenzustand eines Kleinkindes heraus. Der griechische Philosoph Aristoteles hat den Menschen als das nachahmendste der Tiere bezeichnet. Diese Aussage fällt besonders in dieses Lebensjahrsiebt. Das Kind orientiert sich durch Nachahmung und benötigt Vorbilder.

»Mensch sein lernt der Mensch *nur* am Menschen.«
(Novalis)

Das Kind benötigt von seinen Bezugspersonen und in der Erziehung grenzenlose Liebe, Nähe, Wärme und Sicherheit. Erfährt das Kind diese notwendige Liebe und Sicherheit in diesem Alter nicht, so sehnt es sich ein Leben lang danach und wird stets versuchen, sie vom Anderen einzufordern. Da diese Sehnsucht nie gestillt werden kann, führt sie unter Umständen auch ein Leben lang zu Konflikten in Partnerbeziehungen wie auch in allen anderen Beziehungen.

7–14 Jahre:
Das Kind will an die Schönheit der Welt glauben. »*Die Welt ist schön.*«
Es bilden sich die ätherischen Lebens- und Gestaltungskräfte aus. In diesen Jahren erwachen der Geist und der Intellekt, um Dinge erfassen und ergreifen zu können. Der Geist des Kindes entwickelt sich durch das Erwachen des Intellekts. In dieser Zeit gehen die Kinder immer mehr in die eigene Gestaltung des Lebens hinein. Gleichzeitig formt sich der eigene Charakter immer

weiter. Das Kind will erforschen und selbst gestalten und sucht Vorbilder, denen es nacheifern kann. Das Kind will gefallen. Selbst gefertigte Dinge erfüllen es mit Freude und Stolz. Dies bewirkt einen seelischen Auftrieb. Verläuft diese Phase mit Irritationen, dann wird der Mensch später in seiner Beziehung seinen Verstand, der wichtig ist für die kritische Betrachtung, nicht nutzen können.

14–21 Jahre:
Lernen und das Verstehen der Wahrheit der Welt.
»Die Welt ist wahr.«

In dieser Entwicklungsstufe stehen das Erwachen der eigenen Persönlichkeit und die Abgrenzung im Vordergrund. Je älter der Mensch wird, umso mehr reift seine Persönlichkeit heran.

In dieser Zeit sind persönliche Erfahrungen und das Bilden der eigenen Meinung sehr wichtig. Nun ist die Zeit gekommen, in der der Mensch reif und in der Lage ist, sich über die Dinge, die er bisher gelernt hat, ein eigenes Urteil zu bilden. Er sollte zu der Erkenntnis gelangen, dass die Welt wahr ist. Der Mensch hat die Sehnsucht nach Zugehörigkeit und Heimat. Er möchte geliebt werden. Die Entwicklung der inneren Charakterstärken, die in dieser Zeit verpasst wurden, ist kaum mehr aufzuholen. Die innere Entwicklung kann durch falsche Einwirkungen und Beziehungen zu Eltern und Umfeld Schaden nehmen. Irritationen in dieser Phase können dazu führen, dass der Mensch in einer späteren Beziehung seinen Platz nicht findet.

21–28 Jahre:
Ergreifen des Reichtums der Welt. »Die Welt ist reich.«
Ich-Findung, das eigene Denken erweitern, Gefühle leben.
Der junge Erwachsene begreift die Welt immer mehr durch das
»Ich bin«-Bewusstsein. Die Welt formt das Ich. Es ist ein letztes
Abschließen mit der Jugend. Der Mensch muss nun lernen,
mit seiner Freiheit und Verantwortung umzugehen, und eigene
Entscheidungen treffen, die auf sein weiteres Leben Einfluss
haben.

Die Individualität des Menschen verstärkt sich und bewegt
sich in die Erwachsenenentwicklung durch die Bildung und Ver-
festigung der eigenen Einstellungen. Persönliche Lebensumstände werden geschaffen, wie das Loslösen von der Ursprungsfami-
lie, die eigene Familienbildung und die Verwirklichung im
Berufsleben.

In dieser Zeit ist es wichtig, dass der junge Mensch sich im
gegenseitigen Miteinander, in Begegnungen mit Menschen, die
wichtige Impulse geben, erfährt und sich selbst immer besser
kennenlernt. Aus den gelebten Erfahrungen heraus entwickelt
sich die soziale Kompetenz, die für die eigene Familiengründung
und das eigentliche Erwachsenwerden notwendig ist. Denn dann
kommt es gerade auf die Stabilität der individuellen Persönlichkeit und ihrer individuellen Fertigkeiten an.

Aus astrologischer Sicht hat nun Saturn den Geburtskreis
einmal umrundet. Spätestens jetzt sollte der Mensch für sein
Denken, Fühlen und Handeln eigenverantwortlich einstehen.
Die Bindung an das Elternhaus und seine Abhängigkeit davon,
als Überlebenswichtigkeit, sollte hier losgelassen werden. Auch
die Eltern des jungen Menschen sollten sich nicht in sein Leben

einmisehen. Er benötigt jetzt die Kraft und Freiheit für die innere Reife, die ausschlaggebend für sein zukünftiges Leben ist. Er bildet jetzt die Fähigkeit aus, sein eigenes Schicksal fühlbar zu erleben, und erlangt auch die Erkenntnis, dass er durch seine Handlungen in andere Schicksale eingreift. Er muss Verantwortung für sein Tun und Lassen übernehmen. Ehen, die in diesem Altersabschnitt geschlossen werden, laufen Gefahr zu zerbrechen, wenn alle Bezugskräfte auf Partnerschaft und Arbeit konzentriert werden und dieses Konstrukt brüchig wird, nachdem die geistig-seelische Ausrichtung vernachlässigt wurde.

28–35 Jahre:
Selbstbezogenes Ordnen der Welt

Nach dem Ende der oftmals noch nicht so sehr strukturierten »Sturm-und-Drang-Zeit«, in der die Welt erobert werden will, entsteht nun das Bedürfnis, sein Leben zu ordnen, sich niederzulassen. Man strebt nach stabilen persönlichen und beruflichen Verhältnissen und danach, befriedigende Aufgaben zu finden. Man setzt sich Karriereziele.

Der Mensch beginnt, das Leben nach dem persönlichen Lebensplan und Lebenssinn aufzubauen. Er verwirklicht sich. Er muss nun auf sich allein gestellt sein *können*, sich erkennen und unterscheiden, was in seinem Denken, Empfinden und Handeln seiner gesellschaftlichen und familiären Prägung entspricht und was sein persönlicher Anteil und freier Wille dabei ist.

In dieser Zeit sollte sich ein persönlicher Weg mit eigenen Überzeugungen entwickeln. Es geht meist auch um Familiengründung, Kinder und um volle Leistung, im privaten wie im beruflichen Aufbau.

35–42 Jahre:
Stabilisierung der Persönlichkeit
In dieser Zeit stabilisiert sich die Persönlichkeit. Der Mensch beginnt, den eigenen Weg zu überdenken, es können erste Zweifel an der eigenen Leistung aufkeimen. Er kommt zu einer Sinnsuche. Er blickt auf die vorausgegangenen Jahre zurück und entwickelt neue Pläne. Es beginnt eine neue Suche nach sinnvollen Zielen, die oftmals in einer starken Umorientierung münden. Dabei muss er seinem inneren Ruf folgen und seinen Weg bewusster gehen. Hier sind spirituelle Erfahrungen zur Selbstfindung und Wissen über die kosmischen Zusammenhänge sinnvoll. Denn in dieser Identitätsphase will die Persönlichkeit immer mehr an Sicherheit und Stabilität gewinnen. Findet der Mensch diese Sicherheit in sich nicht, können private oder berufliche Krisen entstehen. Unerwartete Wendungen in den Lebensläufen können plötzlich eintreten. Sie sind umso intensiver, je unauffälliger und ruhiger das Leben betroffener Menschen bisher verlief. In einer Partnerschaft sollten eine gewisse Disziplin und Dankbarkeit verstärkt Einzug halten und gemeinsame Ziele neu gestaltet werden.

42–49 Jahre:
Ich kann die Welt verändern
Im Vordergrund steht das Gefühl »Ich kann die Welt verändern«. Nun geht es darum, Wege und Möglichkeiten zur tatkräftigen Selbstverwirklichung zu finden. In dieser Zeit muss der Mensch sich in seiner eigenen Intuition finden. Die Verstärkung der Intuition wird immer wichtiger, um erkennen zu können, was der eigene Lebenssinn ist. Aus der Selbsterkenntnis entsteht

das Bedürfnis, eigene Ideen zu verwirklichen, etwas Eigenes in die Welt zu bringen. In diesem Lebensabschnitt werden berufliche und private Entscheidungen oft noch einmal hinterfragt, um sich glücklich weiterentwickeln zu können. Es steht ihm nun auch viel Lebenserfahrung zur Verfügung, die er für ein bewusstes und zielvolles Handeln nutzen kann. So kann er eine neue, individuelle Beziehung zu sich selbst, zu seinen Idealen und der Welt erlangen. Es ist entscheidend, dass sein Handeln auch anderen Menschen und der Welt zugutekommt und der Mensch nicht auf Kosten anderer egoistisch selbstverwirklichend und eigenmächtig handelt. Der Mensch muss sich seiner selbst würdig werden.

Diese Lebensphase kann für viele Beziehungen eine große Herausforderung darstellen. Denn je weniger man sich in seiner eigenen Persönlichkeit und Selbstwürde gefunden hat, umso mehr kann man von der sogenannten »Midlife-Crisis« betroffen werden. Wenn der Mensch in diesem Alter die Schönheit und die Sicherheit in sich nicht findet, kann es leicht passieren, dass er aus der Beziehung ausbricht, dass er verstärkt zum »Fremdgehen« neigt, um sozusagen seinen »Marktwert« bestätigt zu bekommen und darüber eine Anerkennung im Außen zu erfahren.

49–56 Jahre:
Der Mensch kann weise werden
Jetzt wird Weisheit und innere Ruhe entwickelt. Der Mensch muss sich verstärkt an seinen wahren Ursprung erinnern. Es geht um die innere Erleuchtung und Erschaffung der Zukunft aus den vorangegangenen Erfahrungen. Die Weisheit muss sich auf dem Weg zur Erfüllung des Lebenssinns entwickeln.

In dieser Zeit will die Seele in sich, im inneren Zuhause ankommen und sich rundherum wohlfühlen. Tut sie es nicht, so können körperliche Beschwerden auftauchen, die dann auch auf der seelischen Ebene auszugleichen sind. Der Mensch sollte sein Verstandesdenken nun in ein weises Herzensdenken wandeln. Er kann sich in dieser Lebensphase zunehmend vom Macher zum Förderer und Berater wandeln. Er entwickelt sich zur Weisheit, indem er die Entwicklung anderer unterstützt. Es besteht hier jedoch auch die Gefahr, dass statt Weisheit Besserwisserei entsteht. Man muss auch aufpassen, dass der Blick nach vorne, in die Zukunft gerichtet bleibt. Denn sonst läuft man Gefahr, da der Aufbau nicht mehr im Vordergrund steht, zunehmend nach hinten zu blicken und in der Vergangenheit verhaftet zu bleiben. Wer kennt sie nicht, die Alten, die ständig nur von »früher« erzählen.

In dieser Zeitspanne wird das künftige Schicksal des Menschen wie auch seiner Partnerschaft festgelegt. Die Zeit der Erfüllung ist gekommen. Wir entscheiden, ob wir künftig über Gebrechen, Verfall und Tod diskutieren, unserer Bequemlichkeit frönen oder uns zunehmend um Erkenntnis über das Wissen unserer Unendlichkeit bemühen. Dann können sich uns neue Möglichkeiten offenbaren, die wir auch in unsere Beziehungen hineintragen.

56–63 Jahre:
Der Mensch kann gütig werden
Das eigene Leben wird in Selbstannahme angepackt. In dieser Zeit will ein neues authentisches Selbst erschaffen werden, wofür das Individuum inkarniert ist. In diesem Alter will die Seele

oft eine neue Herausforderung bekommen, um sich durch die vollzogene innere Reife anders wahrnehmen zu können. Zur Weisheit gesellt sich Güte. Der Mensch will sein wahres Wesen erkennen. Er findet zu seinen eigenen Idealen und Werten. Die Verinnerlichung ermöglicht einen verstärkten Zugang zur geistigen Welt. Es besteht aber die Gefahr, dass der Mensch, statt sich zur Weisheit und Güte zu entwickeln, zum moralistischen Eigenbrötler wird, der anderen ihre Schwächen und Fehler vorhält.

So entwickeln sich manchmal die Partner konträr, wenn sie sehr unterschiedliche Vorstellung von ihrer Zukunft haben. Während der eine sich auf die Rente und ein arbeitsfreies Leben freut, will der andere nochmals durchstarten.

Manch einer beginnt in diesem Alter beruflich neu und entfaltet eine ganz neue Perspektive. Es ist von der eigenen Lebensphilosophie abhängig, ob man eine abwärtsgehende Kurve oder eine aufwärtsgehende Entwicklung annimmt und das Leben für einen spannenden Neubeginn nutzt – indem man die restlichen Lebensjahre dazu nutzt, sich und sein Potenzial von einer anderen Seite kennenzulernen und Neues an und in sich zu entdecken. Da muss man auch akzeptieren, dass das Glück des einen Partners in Rückzug und Gemütlichkeit liegt und die des anderen in einem neuen Abenteuer, in neuen Aufgaben, im neuen Durchstarten.

Ich erinnere mich an eine 62-jährige Dame, bei der die Gedanken an ein baldiges Umsiedeln ins »betreute Wohnen« schon eine ausgeprägte Gestalt annahmen. Diese Gedanken irritierten ihren Mann sehr, da dieser als freiberuflicher Architekt noch weiterführende Pläne verwirklichen wollte. Sie konnten sich gemeinsam nicht mehr »neu erfinden« und lebten sich in kurzer

Zeit auseinander. Während sie dann ihren Platz im betreuten Wohnen fand, verliebte er sich in eine Kollegin und startete mit ihr auch privat neu durch.

Weitere Lebensjahre

In den weiteren Lebensjahren (ab 64) liegen die Aufgaben vornehmlich in Demut und dem Weitergeben von Lebenserfahrung. Der Mensch hat eine Fülle an Erfahrungen in Demut und Liebe entwickelt. Innere Ruhe und Meditation sowie Lebensweisheit sind für das innere Licht wichtig. Die emotional erlösten Erfahrungen des Menschen, die er vorlebt, bringen durch seine Ausstrahlung neues Licht und Hoffnung auf diese Erde.

All diese Entwicklungsstufen verlaufen selbstverständlich immer individuell, und die Menschen entwickeln sich unterschiedlich schnell. Jeder begreift seine eigenen Möglichkeiten anders und bestimmt seinen Weg auf individuelle Weise und in eigener Geschwindigkeit. Die Darstellung über die Jahrsiebte soll lediglich eine Orientierung darstellen. Alle genannten Eigenschaften und Entwicklungen spielen im gesamten Leben eine Rolle, müssen aber für ein harmonisches Weiterkommen in den entsprechenden Lebensabschnitten erlöst werden. Im Laufe der menschlichen Entwicklung wächst die Persönlichkeit, deshalb verändern sich auch die natürlichen Bedürfnisse des Menschen und somit auch die Schwerpunkte.

In jeder Lebensphase sollte eine spirituelle Philosophie und damit Liebe, Vertrauen und Weisheit über allem stehen. Aus dieser inneren Einstellung heraus gelingt es, in jedem Alter die anstehenden Aufgaben anzugehen und Vergebung zu üben. Bei all den Aktivitäten, die das Leben fordert, ist es für die Balance wichtig, sich auch einen regelmäßigen Rückzug zu gönnen, um Abstand zu gewinnen und in die Stille zu gehen. Je mehr die Menschen in Hektik geraten, gar mit Unwohlsein beim Gedanken an Ruhe und Stille reagieren, umso konfliktreicher wird das eigene Leben verlaufen. Die Lösungen liegen in der Selbsterkenntnis, und für diese sind Ruhe und Stille, das Lauschen in das eigene Innere wichtig. Daraus vollzieht sich die Selbstreflexion. Stille bietet den Raum für Frieden und sollte regelmäßig geübt werden. Denn die tiefe und befreiende Wahrheit zeigt sich nicht im Getöse, sondern ist in der Stille zu finden. Wie ein leichter Hauch können dann die wahren Antworten in unserem Herzen aufsteigen und uns Kraft und neue Orientierung geben. Dafür kann auch ein längerer Rückzug an einen stillen Ort hilfreich sein. Das Problem in unserer lauten und überreizten Gesellschaft ist, dass Einsamkeit für viele Menschen heute ein eher negativ besetztes Wort ist, wovor es sie ängstigt. Rückzug, Stille und vorübergehendes All-eins-Sein mit sich bergen jedoch eine große Chance, sich selbst wahrzunehmen und zu erleben. Nur wenn wir zur Ruhe und zum Schweigen finden, können wir in der Stille hören, wie sich unsere Seele uns offenbart. Die im Menschen vorhandene Zerrissenheit wie auch sein Bedürfnis nach Geborgenheit werden so erst deutlich und können erkannt, angenommen und das Leben heilsam gestaltet werden.

Eine liebevolle Beziehung zu sich selbst und die damit verbundene innere Ordnung sind Voraussetzungen für heilsame Beziehungen im Außen. Nur in der inneren Einkehr, fernab von Lärm, Hektik und Geschwätz, kann der Mensch sich und seine göttliche Natur finden. Wichtig ist dafür die tägliche Besinnung in Ruhe und friedvollem Atem innerhalb der Meditation und ausgiebige Aufenthalte in der Natur sowie auch immer wieder örtlicher und mentaler Abstand zur Routine und den Selbstverständlichkeiten. Nur wer sich in sich selbst verwurzelt, kann eine Persönlichkeit werden, die liebevolle Taten hervorbringt und heilsame Beziehungen lebt. Ruhe auch im Alltag, statt zielloses Umherschweifen der Gedanken sind wesentliche Qualitäten eines erfüllten Lebens. So ist es für die Entwicklung im Leben wichtig, sich auf das Wesentliche zu konzentrieren, anstatt Fantasien und überhöhten Erwartungen nachzujagen. Der Mensch sollte täglich Zeit mit sich selbst verbringen, um sich wahrzunehmen und sich selbst zu erspüren. So gelingt aus der meditativen Stille ein neuer Blick auf das Leben. Aus gedanklicher Einschränkung entsteht ein emotionaler Befreiungsraum. Aus der Stille entsteht ein Raum zum Hinhören. So lernen wir, uns selbst wahrzunehmen, zu »ertragen«, zu erkennen und zu lieben. Wo Stille dominiert, hat alles Bewertende keine Bedeutung, und das wahre Leben gewinnt an Raum, an Qualität und Zeit.

Bewusste und unbewusste Erwartungshaltungen

Erwartungen an den Partner

Von einer falschen Erwartungshaltung sprechen wir, wenn eine Person vom Partner zum Beispiel verlangt, er solle seine Interessen zurückschrauben, damit beide mehr Zeit miteinander verbringen können. Zum Beispiel hat die Frau etwas dagegen, dass der Mann nach der Arbeit erst einmal joggen gehen will; sie möchte, dass er sich gleich Zeit für sie und die Familie nimmt. Dabei ist nicht die Quantität, sondern die Qualität der gemeinsam verbrachten Zeit wichtig. Wenn, wie im obigen Falle, der Partner sich mit frischem Geist und Freude zur Familie gesellt, nachdem er seine Joggingstrecke absolviert hat, so ist die gemeinsame Zeit von einer ganz anderen Qualität geprägt, als wenn er ohne geistigen Abstand zur Arbeit gehetzt und genervt zu Hause sein muss. Denn dann ist keinem der Beteiligten mit seiner Anwesenheit wirklich geholfen.

Sich nicht auf Partner fixieren. In heilsamen Beziehungen sollte man nicht zu sehr auf einen Partner fixiert sein und stattdessen die eigenen Hobbys, Interessen und Freunde genießen. Es ist wichtig, dass jeder auch sein eigenes Leben hat. Dann ist es möglich, gemeinsame Lösungen für bestimmte Anliegen zu finden, damit das gemeinsame Leben gelingt. Auch in diesen Thematiken können wir erkennen, dass sich die Liebe nicht durch das zeigt, was wir sagen, sondern vor allem durch das, was wir tun. Denn Liebe ist nicht nur ein Wort, sondern ein tiefes Empfinden, das ihren Ausdruck in allen Lebenslagen verlangt. Leben wir das, so leben wir unseren Lebenssinn.

Die Erwartung »Erkenne mein Bedürfnis«. Viele Beziehungen geraten in einen Konflikt, weil der eine meint, der andere müsse ihm seine Wünsche von den Augen ablesen können und sich entsprechend verhalten. Wenn das nicht passiert, sind sie enttäuscht. Anstatt enttäuscht zu reagieren, ist es sinnvoller, wenn wir mitteilen, was wir gern möchten. Denn unsere Erwartungen sind für den Partner unsichtbar, genauso wie seine Erwartungen für uns unsichtbar sind. Die Sprache ist ein wichtiges Kommunikationsmittel und will auch stetig eingesetzt werden.

Auf den Ton achten. Bedenken wir stets, dass neben den ausgesprochenen Worten vor allem der Ton, wie sie vorgebracht werden, die Musik macht. Ob das Gesagte nämlich beim anderen auch richtig ankommt, hängt von der Art und Weise ab, wie persönlich, liebevoll und klar wir unsere Wünsche formulieren. Es macht eben einen entscheidenden Unterschied auf der Ebene des Herzens, ob wir zum Beispiel vorwurfsvoll sagen: »Es ist ein freier Tag, und du bist wieder nicht für mich da!«, oder ob wir uns persönlich und klar ausdrücken: »Es ist ein freier Tag, und ich möchte mit dir heute gern etwas unternehmen.« Persönliche, liebevolle und klare Ansprache in »Ich«-Form (Ich möchte …, ich würde …, ich freue mich, mit dir …) erreicht das Herz, und der Andere fühlt sich dabei ebenfalls gesehen und geschätzt.

Ich denke, jeder kann sich gut vorstellen, wie energieraubend das Gespräch verlaufen kann, wenn man es, wie im ersten Satz, vorwurfsvoll beginnt: »Es ist ein freier Tag, und du bist wieder nicht für mich da!« Man kann sich auch gut vorstellen, wie liebevoll, kreativ und zielorientiert ein Gespräch verlaufen kann, wenn man es mit der zweiten Variante beginnt, sei es im Austausch mit einem Erwachsenen oder auch mit Kindern. Die erste, vorwurfsvolle Art und Weise übt mentalen Druck aus und wird kaum zu einer liebevollen Lösung führen. Die zweite, die klare und persönliche Ansprache führt eher zu Liebe und Gemeinschaftlichkeit. Oftmals müssen wir zuerst lernen, uns richtig und partnerschaftlich auszudrücken, um dann feststellen zu können, dass wir es selbst mit unseren Reaktionen und Ausdrucksweisen sind, die die meisten Konflikte verursachen. Wir können dann schnell feststellen, dass viele Konflikte in unserer Beziehung gar nicht mehr entstehen beziehungsweise sich schnell wieder auflösen.

Wenn wir diese Kommunikationsregeln in jedem Gespräch beherzigen und währenddessen in unserem Herzen die Liebe verspüren, dann wird es uns leichter fallen, auf liebevolle Art und Weise miteinander zu kommunizieren. Dies führt dann sicherlich schneller zu kreativen und erfolgreichen Lösungen. Wir sollten auch darauf achten, dass wir in den Gesprächen mehr bei uns bleiben, tiefer atmen, bewusster und somit klarer und klüger sprechen.

Wie heißt es doch so schön: Am Anfang war das Wort. Das Wort beinhaltet eine große Energie, und wenn wir es klar und liebevoll aussprechen, wird es uns und unsere Beziehungen auch liebevoll unterstützen. Wenn wir es aggressiv und vorwurfsvoll aussprechen, wird es uns und unsere Beziehungen belasten. Auch hier ist ein höheres, spirituelles Bewusstsein gefragt, das in unseren liebevollen Herzen beheimatet und abrufbar ist.

Bewusstes und blindes Vertrauen

Vertrauen ist eng verwoben mit einer Erwartungshaltung. Falsch verstandenes Vertrauen beinhaltet, dass ich von meinem Partner erwarte, dass er sich stets so verhält und entwickelt, wie ich es gern möchte.

Damit Liebe und Geborgenheit in einer Beziehung wachsen können, ist gegenseitiges Vertrauen unabdingbar. Vertrauen bedeutet, dass man sich immer auf den anderen verlassen kann, dass er da ist, wenn man ihn braucht, und dass er von sich aus alles in seiner Kraft Stehende tun wird, was die Familie stabilisiert und schützt. Dabei möchten viele am liebsten, dass man dem Partner immer hundertprozentig vertrauen kann, um sich auch hundertprozentig sicher zu fühlen. Dabei müssen wir jedoch bedenken, dass sich hinter diesem überhöhten Wunsch nach hundertprozentiger Sicherheit in der Partnerschaft ein unbewusstes ängstliches Kontrollverhalten verbirgt.

Vertrauen in uns selbst. Zunächst müssen wir aber Vertrauen in uns selbst entwickeln. Je mehr Vertrauen wir in uns selbst, in unsere eigene Persönlichkeit haben, umso freier, unabhängiger, erwachsener und stabiler sind wir in einer Partnerschaft. Dies wiederum ermöglicht Frieden und Fluss und bringt dann auch verstärkt Sicherheit in eine Beziehung. Dann stellen sich gemeinsame Werte, auf die eine Beziehung aufbaut, fast wie von allein ein. Dann können wir eintretende Situationen realistischer einschätzen und mit den Lebensumständen besser umgehen. Treten dann einmal Herausforderungen auf, so fallen wir nicht aus »allen Wolken«, sondern bleiben in uns selbst ruhend, in unserer inneren Sicherheit und im Selbstvertrauen. In Weisheit handeln heißt mit Gelassenheit handeln und auch loslassen können. Wer nicht die Fähigkeit besitzt, seine festgefahrenen Gewohnheiten und Ansichten, auch den Schein seiner materiellen Güter, loszulassen, erstarrt und verhärtet. Denn er hält sich an den Dingen fest und klammert sich an Menschen in der ständigen Furcht, sie aufgeben zu müssen und zu verlieren.

Der Wunsch nach Liebe. Jeder Mensch sehnt sich tief im Herzen nach Weisheit und Gegenwartspräsenz und nach einer Gemeinschaft, in der er sich zugehörig und aufgehoben, wertvoll, verstanden und geliebt fühlt. Das Herz sucht nach intensiver Nähe und sehnt sich nach Liebe und einer Kraft, die hilft, Tiefen zu überwinden. Eine das Herz erfüllende Liebe ist über unsere liebevollen, im Alltag gelebten Werte möglich. Doch keiner sollte der Illusion verfallen, dass eine Voraussetzung dafür das absolute »Ineinander-Schwingen« ist, in der sich die Individualität mit ihrem individuellen und unkontrollierbaren Gedankengut auflösen muss. Denn die absolute Sicherheit, hinter der sich in Wirklichkeit immer ein unbewusster Wunsch nach Kontrolle verbirgt, gibt es nicht. Genauso wie es wenig sinnvoll ist, auf die vollkommene, ewig andauernde Liebe einfach blind zu vertrauen.

Zerplatzte Seifenblase. Wie ich schon oben erwähnt habe, hegen viele den Wunsch nach Sicherheit in der Beziehung. Dies verleitet sie dazu, einfach so zu tun, als wäre diese Sicherheit tatsächlich möglich und sie müssten nichts weiter für die Beziehung tun. Sie vertrauen der Beziehung so lange blind, bis plötzlich und meist unerwartet der Moment kommt, in dem diese Illusion wie eine Seifenblase zerplatzt, nämlich zum Beispiel dann, wenn der Partner seine Unzufriedenheit kundtut oder gar Trennungsabsichten äußert. Es geht doch darum, dass wir all unsere Emotionen in unsere Partnerschaft einbringen, denn sie gehören zur Vollkommenheit des Menschen dazu. Wir sollten stets verständnisvoll und liebevoll miteinander umgehen und sensibel und achtsam auf den Partner eingehen und nicht auf einer Fantasiewolke sitzen, bis wir im Wortsinn »ent-täuscht« werden – von der eigenen Illusion. Aufmerksamkeit und ein gesundes Maß an Zweifel gehören zum bewussten und flexiblen Leben dazu. Denn wenn wir a priori alle Zweifel beiseiteräumen, schaffen wir damit die trügerische Illusion völliger Sicherheit und überfordern durch eine überhöhte Erwartung von Perfektion unseren Partner. Wir selbst unterliegen dann überspitzten Vorstellungen, die uns eng machen und damit auch unsere Partnerschaft, die dann nach Normen und starren Regeln in Form gehalten wird. Dann geben wir uns dem wohligen Gefühl eines blinden Vertrauens in eine Partnerschaft hin, von der wir glauben, dass sie schon irgendwie ununterbrochen so weiter funktioniert, während wir uns unterschwellig nur vor unserer Angst schützen wollen, den anderen verlieren zu können. und dies, obwohl wir eigentlich wissen, dass niemand jemandem wirklich gehört.

Die Balance zwischen Vertrauen und Zweifel. Ein achtsames, gesundes und warnendes Misstrauen in Verbindung mit gesundem Vertrauen erschafft eine gesunde Distanz und bewahrt die jeweilige Eigenständigkeit, die für eine weitere individuelle Entwicklung notwendig ist und somit ein Wachstum der Beziehung ermöglicht.

Ein »bewusstes« Vertrauen bedeutet, selbst erwachsen zu werden, dem Partner im Vertrauen zu begegnen, indem man sich vor allem selbst vertraut, sich auf sich selbst verlässt und dem Partner ganz selbstverständlich seine natürliche und notwendige Andersartigkeit zugesteht. Dies ist für die Aufrechterhaltung der Polarität in einer Beziehung wichtig. Wenn wir unsere Sicherheit und Liebe in uns selbst tragen, können wir eine Beziehung, solange sie glücklich andauert, genießen und brauchen keine Angst zu haben, den Anderen zu verlieren. Daraus ergibt sich ein realistisches Gefühl für die Partnerschaft und die Möglichkeit, offen und flexibel in tatsächlicher inniger Herzensverbindung zu bleiben. Das wiederum lässt uns im tiefen Vertrauen an uns selbst, an den Anderen, an die Beziehung, an das Leben usw. weiter wachsen. So bewahren wir in einer Beziehung eine gesunde Balance zwischen Distanz und Nähe.

Die Erwartung »Mein Seelenpartner«

Gerade in esoterischen Kreisen trifft man auf die weitverbreitete Ansicht, der geliebte Mensch müsse der »Seelenpartner« sein. Es handelt sich hierbei um eine unbewusste Erwartungshaltung, die nicht erfüllbar ist und oftmals nichts anderes bedeutet, als dass der Partner immer wissen soll, was man selbst will und was man braucht, und dementsprechend funktionieren soll. Das hat aber nichts mit Karma zu tun. Beim sogenannten Karma handelt es sich, vereinfacht ausgedrückt, um nicht losgelassene Emotionen. Natürlich gibt es gewisse geistige Absprachen, die bereits im Jenseits getroffen werden. Das sind Absprachen im eigenen liebevollen Seelenplan mit anderen Menschen, denen man in dieser Inkarnation begegnen soll, um sich gegenseitig zu unterstützen. Es können Absprachen mit Menschen im privaten Leben wie auch im beruflichen Leben sein. Es können kurzlebige oder auch langlebige Beziehungen sein, die so lange in unserem Leben bleiben, bis ein wichtiger Schritt für die innere Reife in dieser Inkarnation vollzogen ist. Was jedoch nicht bedeutet, dass wir in einer ausweglosen Beziehung verharren sollten.

Die Seele eines Menschen folgt zwar einem bestimmten »Plan«, doch es gibt im Leben kein starres festgeschriebenes Schicksal und auch keine feste Vorherbestimmung, dass man auf jeden Fall mit einem bestimmten Menschen, »einem Seelenpartner«, zusammentrifft oder auch nicht. Solche Geschehnisse sind dynamisch, denn auf der Erde gestaltet sich unser Schicksal ständig neu, mit jedem Gedanken, mit jeder Emotion und mit jeder Tat. Zwar kann es selbstverständlich zwischen Seelen Absprachen geben, es steht uns aber frei, immer und jederzeit neue Entscheidungen zu treffen und uns auch gegen vermeintlich »karmische« Partner zu entscheiden, wenn eine Beziehung Disharmonie und Leid verursacht. Eine Trennung sollte dann immer in Liebe und gegenseitigem Respekt geschehen, um keine neuen Verstrickungen zu provozieren. Dann kann jede Seele lichtvoll und harmonisch ihr weiteres Erdenleben zelebrieren.

Das Beispiel eines Ehepaars. Ein älteres Ehepaar erzählte mir, dass sie gegenseitig eigentlich mehr Ablehnung verspüren als Zusammenhalt und Liebe. Doch um ihr Karma auszutragen und sich im nächsten Leben nicht wieder begegnen zu müssen, würden sie in diesem Leben zusammenbleiben. Ich erklärte ihnen, dass sie damit genau das Gegenteil bewirken würden. Bei den beiden mangelt es eindeutig an Eigenliebe und Verständnis, sowohl für sich selbst wie auch für den Partner und für die Situation. Denn Emotionen wie Ablehnung, Abhängigkeiten, Unzufriedenheit und Aggression lösen sich ja mit dem Sterben des körperlichen Leibes nicht auf. Die Resonanz der Emotionen (Seelenleib) und der Gedanken (Geistesleib) bleibt auch im Jenseits bestehen, und man zieht sich weiterhin an.

Hier und jetzt. So sollte man sein Leben stets nach liebevollen Werten im Hier und Jetzt ausrichten und mit der Beziehung so umgehen, wie es für das persönliche Wohl und für das Wohl und die Würde des Anderen heilsam ist. Erkennen, dass wir den Anderen annehmen und lieben können, wenn wir uns selbst lieben, und dass die Beziehungsprobleme von den jeweiligen Defiziten herrühren – von gestörten, meist verdrängten alten Programmierungen. Durch die eigenen Verletzungen ziehen wir dann, ohne bewusstes Erkennen, den Partner an, dessen eigene Verletzungen zu den unseren passen. Die gegenseitige Spiegelfunktion deckt dann unbewusst unsere gut versteckten Defizite, unsere Blockaden und Verletzungen auf. Im Spiegel des Anderen treffen wir dann allerdings immer nur uns selbst und erleben unsere eigenen unerfüllten Bedürfnisse, unsere Hemmungen, Blockaden, unsere eigene Liebesfähigkeit, unsere tiefen Sehnsüchte und vor allem unsere verborgenen Ängste.

Eigenverantwortung. Gemeinsam einsam zu sein ist für die seelische Entwicklung keine Option. Wir sollten auch nicht auf Aussprachen und Verständnis hoffen, sondern Rechenschaft vor unserem eigenen Herzen ablegen und die Dinge unbedingt mit uns selbst klären. Dann sind Klarheit und Kraft da für den Umgang mit äußeren Dingen und entsprechenden Taten. Doch dieser Weg in Eigenverantwortung, auf dem man ehrlich ist, erfordert eben viel Selbstwürde. Denn gerade da, wo es besonders festgefahren ist, wo die Liebe sich erkaltet anfühlt, gibt es vieles zu tun, und zwar für uns selbst. Zusammenbleiben, obwohl man den anderen nicht mag, nur um jemanden zu haben, auf den man Schuld abladen kann oder durch den man glaubt, Karma überlisten zu können, anstatt selbst etwas Konsequentes und Liebevolles zu unternehmen, bringt keinen der beiden weiter. So sollten wir uns immer fragen, warum wir an bestimmten Beziehungen, so, wie sie sind, festhalten, selbst wenn sie uns nicht guttun. Mit Achtsamkeit, Verständnis und Liebe kommen wir immer mehr zu den heilsamen Lösungen: heraus aus den unbewussten Prägungen, indem wir sie erkennen, und heraus aus den falschen Vorstellungen, indem wir Eigenverantwortung übernehmen und selbst anfangen, unser eigenes Leben nach eigener Fasson zu führen. Das gelingt uns, indem wir verstehen, dass alles um uns herum zur eigenen Spiegelung dient und nicht zum Festhalten. In unserem Partner finden wir das optimale Umfeld zum Lernen und Wachsen. Und wenn wir gereift sind und über eigene Grenzen hinausgewachsen sind, dann sind wir auch stark genug, sie zu verlassen und zu wandeln.

Die Vergangenheit nicht entwerten. Ganz gleich, wofür wir uns entscheiden, wir sollten die gemeinsame Vergangenheit niemals entwerten. Wir sollten gerade die guten Zeiten aus gemeinsamen Jahren als Kraftquelle nehmen und sie nicht zu stark negieren, gar über den Haufen werfen. Wenn wir voneinander enttäuscht sind, sehen wir die Schwächen des Partners umso mehr. Dabei fällt es uns besonders schwer, uns ihm gegenüber zu öffnen beziehungsweise auf ihn zuzugehen. Doch bedenken wir, dass alles im Leben zwei Seiten hat und zu allem zwei gehören. Möge der Blick auf die Weisheit stärker sein als der Blick auf die Kränkung. Weise und großzügige Menschen sind dankbar und stolz auf ihre gemeinsame Geschichte und auf das, was und wie sie alles bis dato gemeistert haben. Positive Erinnerungen und Gefühle geben einem dann wieder Mut und Kraft für einen Neubeginn beziehungsweise für lichtvolle Lösungen. Es liegt an uns, auf welcher Ebene wir uns begegnen und in welcher Resonanz wir unsere Geschichte weiterschreiben.

Die Sucht nach Anerkennung

Jeder Mensch strebt nach Liebe und Anerkennung. Doch im Außen können wir die Liebe und Anerkennung, die wir uns vorwiegend selbst geben sollen, nicht erwarten. Diese emotionalen Eigenschaften sind ein Geschenk, und wenn wir sie von einem lieben Menschen erhalten, sollten wir sie genießen und nicht ausreizen. Kein anderer Mensch ist dafür da, um uns glücklich zu machen, uns unablässig zu lieben, uns mit Anerkennung und Lob zu überhäufen oder durch das Leben zu tragen. Die Liebe und Anerkennung, die wir benötigen, müssen wir uns selbst geben – in innerer Einkehr, meditativer Besinnung, Stille und göttlicher Verbundenheit. Dann sind wir erfüllt und nicht im Mangel und ziehen Fülle auch an.

Aus einer falschen Sehnsucht nach Liebe und Anerkennung werden viele Beziehungen zerstört. Daraus können Schuld- und Schamgefühle entstehen, ebenso Aggression und der krankhafte Zwang, immer recht haben zu müssen. Dabei ist das Universum unendlich, und jeder Mensch ist wiederum sein eigenes Universum und nimmt die Welt nur aus seiner Perspektive wahr. Jeder Mensch hat also seine eigene Wahrheit, und keiner der Partner kann somit nur im Recht sein oder nur im Unrecht. Eine weise Haltung ist eine selbstbewusste Kraft, in der wir mit einem Schmunzeln und innerer Ruhe fühlen können, dass wir nicht immer recht haben müssen und auch nicht können. Dann kann man Eindrücke sammeln und sich nach und nach eine eigene, für sich selbst stimmige Meinung bilden. Diese innere Haltung entspricht einer hohen emotionalen Intelligenz, die über den eigenen Horizont hinausgeht. In der einseitigen rationalen Intelligenz sind wir in der Enge, in innerer Gelassenheit und dem Wunsch nach Weitsicht sind wir in der Lage, uns in den Partner hineinzuversetzen und sein Universum zu erleben. Auch sind wir in der Lage, neutral, klug und weise mit dem Partner ein Gespräch zu führen, daraus zu lernen, ein Fazit zu ziehen und eine Lösung zu finden. Das ist keine Mentalität der Angst, die Unterdrückung oder gar Zerstörung mit sich bringt, sondern eine Mentalität der Liebe, die eine Horizonterweiterung und Erhöhung der Lebensqualität erschafft. Dazu ist es allerdings notwendig, sich nicht wie ein trotziges Kind zu verhalten, das unbedingt nur recht haben will. Achten wir lieber darauf, dass wir in unserer Mitte bleiben, statt in die Situation eines Opfers hineinzurutschen und zu fliehen oder gar die Rolle eines Täters zu übernehmen und dabei anzugreifen und zu belehren. Es ist besser und klüger, ein guter Beobachter zu sein. Dann werden wir feststellen, dass unbewusste Dinge unsere Meinung, unser Selbst- und Weltbild und damit unsere Erwartungshaltung prägen, wodurch Missverständnisse, Verstimmungen und Schmerz entstehen. So lässt es sich, wie zwischen zwei erwachsenen Menschen, die die Unreife des »inneren Kindes« überwunden haben, miteinander reden und voneinander lernen. Das ist gelebte Liebe, bewusstes Vertrauen und verantwortungsvolles und lichtvolles Handeln. Denn erwachsene Menschen streiten niemals. Es sind immer die »inneren Kinder« in uns, die unerlösten Verletzungen, die zu Uneinsichtigkeit und Streitereien tendieren. Eine rechthaberische Haltung, die aus innerem Mangel heraus entsteht, führt immer zu Konflikten. Eine neutrale, weise Haltung dagegen, die in innerer Fülle und Selbstwürde ruht, behält letztendlich alles im Überblick und gibt dem Gespräch eine heilsame Richtung! Das ist die neue emotionale Intelligenz, die unser Zeitalter des erwachenden Bewusstseins benötigt, um auf alte Probleme nicht mit alten Lösungsansätzen zu reagieren, sondern neue Lösungen und kreative Ideen voller Einsicht und Verständnis, mit Humanität und Diplomatie zu entwickeln. Eine neue Zeit benötigt neue Lösungen und damit kluge Köpfe und weise Herzen.

Die Erwartung »Der richtige Partner«

Viele Menschen beschweren sich darüber, dass sie nie an einen »passenden« Partner geraten. Die daraus resultierende Frustration hält oftmals sogar das gesamte Leben über an. Eine nach außen fixierte, sich nicht erfüllende Erwartung führt dann zu Enttäuschung und Kummer. Aber um den richtigen Partner für sich finden zu können, muss man zuerst der richtige Partner für sich selbst sein. Über die Resonanz kann dann eine passende Person in unser Feld gezogen werden. Ein neuer Partner wird aber niemals die alten, eigenen Probleme, die man in sich trägt, lösen können. Um für eine neue, glückliche Beziehung bereit zu sein, sollte man daher zunächst verstehen, woran die alten Beziehungen gescheitert sind. Je aufgeräumter der Mensch in seinem Inneren ist, umso mehr Raum entsteht für das tatsächliche Neue, das dann auch erlöst ist von frustrierenden und leidbringenden Wiederholungen. Es gilt zu verstehen, welche Verhaltens- und Empfindungsmuster man in sich trägt, die einer Beziehung nicht guttun oder sie verhindern. Jeder Mensch sollte für sich selbst die Fragen geklärt haben, warum er eine Partnerschaft möchte, wie diese funktionieren soll, wie er in einer Partnerschaft leben möchte und was er selbst dafür tun beziehungsweise verändern muss. Diese Fragen der Selbsterkenntnis und Selbstliebe fördern die eigene Freiheit, das Wachstum und die Reife sowie die damit verbundene Eigenverantwortung. Sie entsprechen einer bewussten Spiritualität und stärken Liebe, Herzenswärme und Vertrauen. Lichtvolle Tugenden wie Achtung, Zuwendung und Demut sind hierbei besonders wichtig. Liebevolle Partnerschaften entwickeln sich immer von innen heraus, aus dem, was man fühlt und denkt, was man ausstrahlt, was man als Persönlichkeit bietet, was man erwartet und darbietet. Vieles ist nicht von außen abhängig, doch wirken sich unser Wesen und unsere Ausstrahlung im Außen aus. Diese inneren Werte sind die spirituellen Werte, die Klarheit und inneren Halt für die Erfahrungen im Außen geben und ein großes Erlebnisfeld in liebevollen Partnerschaften ermöglichen. Dies bedeutet auch eine lichtvolle und liebevolle Zunahme an Bewusstheit.

Konflikte und Wege
zu Lösungen

Konflikte kann man lösen

Wenn in Paarbeziehungen Krisen entstehen, erleben das die meisten als Unglück. Man kann aber Krisen auch als Vorboten einer anstehenden Entwicklung betrachten. Oftmals erweisen sie sich, im Nachhinein betrachtet, dann sogar als Glück. Ein gesundes Leben baut auf gesunden Beziehungen auf. Die größte Kunst ist der Umgang mit dem Anderen. Eine konstruktive und dauerhafte Beziehung erfordert eine hohe Sozialkompetenz. Man muss lernen, sich mit sich selbst auseinanderzusetzen und mit verschiedenen Vorstellungen und Meinungen umzugehen. In einem liebevollen Miteinander geht es um das Sein, um das Miteinander-Sein, nicht um Rechthaben oder Besitzen-Wollen. Im liebevollen Miteinander spiegelt sich das Göttliche. Wenn wir es schaffen, uns immer wieder aufeinander einzulassen, uns erneut füreinander zu entscheiden, kann Liebe alle Zeiten überdauern. Dann können wir auch stets neue Energien für die gemeinsame Liebe entfalten, wie Romantik, Freundschaft, Humor, gemeinsame Ideen, ein ähnlicher Blick auf die Welt, Loyalität und offene Kommunikation. Wir können dann auch auf die Wahrung der notwendigen Distanz achten. Denn Liebe heißt, freizulassen und auf die Persönlichkeit des Anderen Rücksicht zu nehmen und zu vertrauen.

Die Auseinandersetzung mit eigenen Bedürfnissen. Doch nicht immer gelingt uns dies auf Anhieb. Oft sind es die unbewusst gespeicherten Erfahrungen aus der Kindheit, die eine Beziehung belasten. In unserer Kultur wird zurzeit fast jede zweite Ehe geschieden, doch ist eine Trennung nicht immer die beste Lösung. Denn unsere alten Probleme nehmen wir mit, bringen sie wieder in die nächste Beziehung ein, und die Dramen wiederholen sich meist. Eine bewusste Auseinandersetzung mit den eigenen Bedürfnissen kann dabei helfen, einen Weg aus der Krise zu finden. Dabei sollten wir den Gedanken zulassen, dass jede frustrierende Situation deutlich mehr über uns selbst aussagt als über unsere Beziehung. Oft ist der Partner der Auslöser von negativen Gefühlen wie Unzufriedenheit, Aufgewühltsein, Wut oder Schmerz. Diese ausgelösten Gefühle und die daraus folgenden, oft destruktiven Verhaltensweisen haben jedoch ihren Ursprung meistens in der eigenen Vergangenheit. Eine bewusste Selbstreflexion kann dabei helfen, Unbewusstes ins Bewusstsein zu holen und schmerzliche Kindheitserlebnisse zu erkennen und aufzuarbeiten. Aus der Selbsterkenntnis und Selbstliebe heraus entsteht ein Raum, um neue, beglückende Erfahrungen in der Partnerschaft zu machen und sein eigenes Leben zu führen.

Der Einfluss der Eltern. Die Eltern-Kind-Beziehung ist ein wichtiges Vorbild für spätere Liebesbeziehungen. So entwickeln Kinder mit zuverlässigen und feinfühligen Eltern einen gesunden

Umgang mit sich und anderen. Leben die Eltern dagegen Ablehnung vor und bieten keine Geborgenheit, bauen Kinder eine unsichere Bindung auf und glauben zum Beispiel, alles allein lösen zu müssen. Schwanken die Eltern zwischen Fürsorge und Zurückweisung, entsteht eine große Unsicherheit, und das Kind wird dann ein Leben lang zu übermäßigem Klammern und zu Eifersucht neigen. Traumata in der Kindheit führen zu ängstlichen und desorganisierten Verhaltensmustern in Beziehungen.

Abgeschnitten vom wahren Sein. Die Begrenzungen unserer Erziehung, die Einflüsse und moralischen Vorgaben von Familie und Gesellschaft hinterlassen oftmals so starke Prägungen, dass wir zu unserem wunderbaren wahren Sein, zu unserem liebevollen ursprünglichen Wesen, zu unserer Vollkommenheit keine Verbindung mehr haben. Das Gefühl des Einsseins und der Ganzheit, dem wir alle so ruhelos hinterherjagen, finden wir nur wieder in uns selbst. Es war bei unserer Geburt noch vorhanden, doch dann wurden wir mehr und mehr davon abgetrennt, und kaum einer erinnert sich noch daran. Nicht die Suche im Außen, also die Verbindung in Partnerschaften, kann dieses Gefühl stillen, sondern die Suche in unserem Inneren. Wir haben den Zugang zu unserer geistigen Anbindung, der Quelle für Vertrauen, Intuition und Kraft, stark eingebüßt. Aus der entstehenden inneren Einsamkeit und der daraus resultierenden Leere sind wir in unseren Gefühlen und Handlungen wie auch im Umgang miteinander stark verunsichert und haben uns einen Schutzwall um uns gebaut. So entstand in uns eine Persönlichkeit, die wir eigentlich nicht sind, für die wir uns aber nun halten. Das heißt, wir spielen eine Rolle in einem falschen Film.

»Sicherer Hafen«. Ideal wäre es, wenn Eltern für ihre Kinder ein »sicherer Hafen« bei Unsicherheiten und Krisen wären und eine »sichere Basis« für die Erkundung der Welt darstellten. Später können die beiden erwachsenen Partner selbst diese Rollen übernehmen. Ob ein Mensch innere Sicherheit spürt oder unsicher und ängstlich ist, beeinflusst all die Verhaltensmuster, die eine Partnerschaft prägen. Menschen mit innerer Sicherheit sind zufriedener mit sich und in ihrer Partnerschaft und unterstützen einander in Krisen. Sie können sich in Konflikten besser in ihren Partner hineinversetzen und an einer Lösung mitarbeiten. Dabei können sie das tatsächliche Konfliktthema konkret angehen und interpretieren nichts in den Partner hinein.

Bindungsangst. Bindungsängstliche Menschen hingegen bewerten das Verhalten ihres Partners sehr schnell als feindselig. Sie fürchten um ihre Beziehung, neigen zum Klammern und üben sich in Schuldzuweisungen, oder sie fühlen sich in ihrer Freiheit und Unabhängigkeit bedroht und entwickeln Flucht- und Vermeidungsstrategien. Auch sexuell sind sie eher unzufrieden und tolerieren oft eigene Grenzen und die des Partners nicht. Dennoch können sich auch solche Partnerschaften zu heilsamen Beziehungen entwickeln, wenn liebevolle Werte wie Vertrauen und Respekt bewusst aufgebaut werden und man dementsprechend konsequent handelt. So kann man lernen, sein Verhalten zu verstehen und liebevoll zu wandeln.

Das Austragen von Differenzen. Meinungsverschiedenheiten und Konflikte in Partnerschaften sind normal, denn es kommen ja immer verschiedene Individuen zusammen und somit verschiedene Ideale und Vorstellungen. Man sollte sich immer bewusst machen, dass auftretende Differenzen in gegenseitigem Verständnis und Liebe ausgetragen werden können und auch sollen. Denn wir müssen uns immer vor Augen halten, dass es niemals die reifen und erwachsenen Menschen sind, die miteinander in Streit geraten, sondern immer die »inneren Kinder« miteinander zanken. Deshalb sollten Konflikte auch nicht überbewertet werden.

Schwierig wird es für Menschen, die Harmonie um jeden Preis haben wollen und lösungsorientierte Auseinandersetzungen vermeiden. Dies führt zu ungemeinem Beziehungsstress. Denn bewusst wie auch unbewusst fühlen sich solche Menschen »verfolgt«, sind dauerhaft angespannt und kontinuierlich mit dem Versuch beschäftigt, sich von Konflikten und notwendigen Veränderungen zu distanzieren. Viele sind verkrampft und unglücklich, doch sie wollen ihre selbst geschaffene »Komfortzone« nicht verlassen und verbleiben lieber unglücklich im kontrollierbaren, gewohnten Geschehen. Dieses ihnen bekannte Leben macht sie dann zwar nicht glücklich, doch gibt es dem Unterbewusstsein eine gewisse Scheinsicherheit, denn das, was wir kennen, können wir einschätzen.

Sich auf eine weiterführende Wandlung einzulassen beunruhigt das Unterbewusstsein dagegen. Denn liebevolles Loslassen, das lichtvolle Positive und Liebevolle sind diesem noch nicht bekannt, somit auch nicht einschätzbar und dann im Empfinden sogar gefährlich. So sollten wir, wenn wir unzufrieden sind und uns gestresst, einsam und überfordert fühlen, den Rückzug antreten, in die Stille gehen und unsere Gedanken und Gefühle hinterfragen.

Menschen verändern sich. Bei Krisen ist es auch sinnvoll zu berücksichtigen, dass die Partner bis ins hohe Alter immer wieder neue Entwicklungsstufen durchlaufen, in denen sich ihre Prioritäten verändern (siehe Kapitel »Lebensjahrsiebte«). Da das Leben stets im Wandel ist, können Veränderungen auch Krisen mit sich bringen. Eine solche Krise wäre zum Beispiel gegeben, wenn ein Mann mit zunehmendem Alter ein ruhigeres Leben möchte, seine Frau aber an den gemeinsamen vielen Aktivitäten festhalten will und ihm nun vorwirft, er werde immer langweiliger. Die Lösung des Problems liegt natürlich darin, dass die Frau die Veränderung ihres Mannes respektiert und ihm seine Bedürfnisse lässt. Sie könnte lernen, mit einer anderen Person den Aktivitäten nachzugehen oder sogar allein. Oder sie probiert für sich aus, wie es sich für sie anfühlen würde, wenn sie auch weniger aktiv wäre und mehr Muße und Stille walten ließe. Mit all diesen Alternativen würde auch sie selbst neue Erfahrungen machen und eine Veränderung vollziehen. Das ist gemeint, wenn es heißt, dass Krisen neue Chancen offenbaren können.

Ein offenes Herz für den Partner. Wir sollten umdenken und stolz darauf sein, unserer Selbstliebe und Achtsamkeit jeden Tag näherzukommen und immer mehr wir selbst zu sein. In innerer Harmonie und Zufriedenheit fühlen wir uns mit allem in Liebe verbunden und stark. Dann ist unser emotionales Herz offen für unsere Partnerschaft, und wir spüren die liebevolle Verbundenheit mit dem Partner und mit allem. Wir finden dann auch wieder einen Zugang zu unserer geistigen Anbindung. Langfristig zufrieden sind wir in unserer Beziehung, wenn wir in der Lage sind, Konflikte einer einvernehmlichen Lösung zuzuführen und nach einem Konflikt wieder eine innige Verbindung miteinander aufzunehmen. So gelingt es einem immer mehr, das Geheimnis einer heilsamen Beziehung zu begreifen. In einer liebevollen Partnerschaft geht es nämlich darum, die Unterschiede und somit die unterschiedlichen Empfindungen gegenseitig zu akzeptieren. Denn wir alle sind im Kern wunderschöne und vollkommene Individuen. Das zu respektieren und dem Anderen sein »So-Sein« zuzugestehen, stabilisiert die Paarbeziehung. Dies erfordert tiefe Weisheit und bedeutet auch einen Lernprozess.

Lieben lernen. In diesem Buch wie auch in meinen Seminaren möchte ich den Menschen darin unterstützen, sich zu verstehen und liebevoller mit sich umzugehen. Das Lieben selbst kann man aber nicht lehren, das muss jeder für sich lernen, denn Liebe ist ein Gefühl, das empfunden und gelebt werden will. So müssen wir angstvolles und aggressives »altes« Verhalten »ver-lernen« und neues, lösungsorientiertes, liebevolles Verhalten stets weiterentwickeln. Deshalb müssen viele Paare nach der nicht lange andauernden Verliebtheitsphase erst einmal lernen, eine liebevolle und glückliche Beziehung miteinander zu führen. Denn nach der begrenzten Zeit des Verliebtseins, wenn Glücks- und Bindungshormone uns lenken und alle Unterschiede ausblenden, endet das biologische unbewusste Programm. Nun werden die individuellen Unterschiede deutlich, und wir müssen verstehen und lernen, damit umzugehen. Die Bereitschaft zur Weiterentwicklung ist in allen Lebensbereichen ein Schlüssel dazu, nicht nur in einer glücklichen Partnerschaft. Es ist soziale Kompetenz gefragt, wie Kommunikationsfähigkeit, Konfliktfähigkeit sowie die Fähigkeit, auch unangenehme Gefühle für eine gewisse Zeit aushalten zu können. Weisheit und natürliche Intuition spielen in allen Beziehungen und Lernprozessen eine große Rolle. Sobald etwas unangenehm wird, reagieren viele aus Angst oder Verärgerung oft mit Vorwürfen, Schuldzuweisungen, Ablehnung oder Rückzug. Diese Reaktionen sind dann der Auslöser für Beziehungskonflikte. Aus der Angst herauszutreten und sich in die Liebe zu entwickeln ist eine starke emotionale Arbeit, die ihre Zeit und Erfahrung braucht. Es können liebevolle Fähigkeiten wachsen, indem man sich selbst und den anderen immer mehr wahrnimmt und neue Wege des Umgangs miteinander beschreitet. Davon hängt es stark ab, ob eine Partnerschaft Stabilität und Dauerhaftigkeit entwickelt.

Das klare Ja zum Partner. Aus einer heilsamen inneren Haltung heraus kann eine heilsame Partnerschaft dauerhaft gelingen. Deshalb definieren Sie Ihre Beziehung verbindlich. Es sollte in Ihrem Herzen kein Zweifel sein, sondern ein klares »Ja« zur Beziehung. Denn alles, was Sie denken und fühlen, spürt auch Ihr Partner, bewusst oder unbewusst. Er wird dann immer unsicherer und nervöser in der Beziehung, es kommt Misstrauen auf, was zu Konflikten führen kann. Das Innere zeigt sich dann im Außen. Aber achten Sie auch darauf, dass durch das klare Ja zu Ihrem Partner aus dem Ich kein Wir wird. Bleiben Sie selbst ein »Ich«, und gönnen Sie das auch Ihrem Partner. Wenn jeder eigene Interessen hat, so hat man einander mehr zu erzählen und bereichert sich gegenseitig. Jeder sollte seine eigenen sozialen Kontakte pflegen, denn auch ein gesunder Abstand ist sinnvoll, da er wiederum eine gesunde Nähe unterstützt, indem man sich aufeinander freut und sich liebevoll aufeinander einlässt.

Verzeihen Sie! Verzeihen Sie allen, allem und alles! Vergeben kann der, der wirklich liebt. Verzeihen Sie dem Anderen, wenn er Sie verletzt hat. Seien Sie nicht nachtragend, denn das vergiftet nicht nur Ihre Beziehung zum Partner, sondern vor allem Sie selbst, und Ihr gesundheitliches Wohlbefinden leidet. Bedenken Sie bei allem die unterbewussten Prägungen, die uns verletzbar machen. So haben die meisten Kränkungen gar nichts mit der gegenwärtigen Realität zu tun.

Liebe zeigen. Zeigen Sie sich selbst und Ihrem Partner Ihre Liebe mit kleinen Gesten. Kleine Alltagsrituale schenken ein Gefühl von Geborgenheit und Liebe, und der Partner fühlt sich gesehen und zugehörig. Feiern Sie Ihre Beziehung mit regelmäßigen Aufmerksamkeiten wie kleinen Geschenken, zärtlicher Berührung, Umarmungen, gemeinsamen Essen und Unternehmungen. Lassen Sie Ihrer Kreativität freien Lauf.

Liebe geben und nehmen. Seien Sie großzügig mit Ihrer Liebe zu Ihrem Partner, doch nehmen Sie genauso die Liebe und Aufmerksamkeit Ihres Partners an. Es gibt Menschen, die Probleme damit haben, Liebe anzunehmen, weil sie sich selbst nicht als liebenswert empfinden. Aber da der Partner seine Liebe kundtun möchte, wird er unzufrieden sein, wenn er auf Abwehr stößt. Geben Sie also nicht nur Liebe, sondern seien Sie auch offen für die Liebe Ihres Partners. So bringen Sie Geben und Nehmen in Ihrer Beziehung ins Gleichgewicht und können immer mehr Fülle und Geborgenheit erleben.

Die Krise als Chance begreifen. Überbewerten Sie die Krisen nicht, sondern begrüßen Sie diese als notwendige Entwicklungschancen. Für lösungsorientierte, optimistische Menschen sind Krisen Wachstumsmöglichkeiten und notwendige Herausforderungen. Schaffen wir keine Probleme, wo keine sind. Probleme hängen stets mit der Qualität unserer Gedanken zusammen und dem nicht vorhandenen Urvertrauen. Herausforderungen und Lebensumstände werden erst zu Problemen, wenn wir Probleme daraus machen.

Gemeinsame Werte und Ziele. Orientieren Sie sich in Ihren Beziehungen an gemeinsamen Werten, Interessen und Zukunftszielen. Dies ist die Brücke zum Miteinander. Weiten Sie stets Ihren Blick und Ihren Horizont, so bleibt das Leben vielseitig und erfüllend. Finden Sie neue Perspektiven in Ihrem Leben und in Ihrer Beziehung. Denn das Leben ist einem kontinuierlichen Wandel unterworfen, es will stets im Fluss sein, und es geht immer weiter.

Bedürfnisse wahrnehmen. Achten Sie auf Ihre eigenen Bedürfnisse wie auch auf die des Partners. Denn oft übersehen wir die Unzufriedenheit, die sich irgendwann zu Problemen entwickelt. Es ist daher wichtig, sich seiner Gefühle und Bedürfnisse bewusst zu werden und diese mitzuteilen. Denn wir sollten immer bedenken, dass eine Beziehung auf der emotionalen Ebene basiert. Wenn jeder sein Mögliches dazu beiträgt, kann ein Paar auch aus einer festgefahrenen Situation wieder zueinanderfinden. Dazu ist es wichtig, im Partner wieder den lichtvollen und göttlichen Wesenskern zu erkennen. Das Entwickeln der Kommunikationsfähigkeit lohnt sich allemal, denn dann kann aus einer Streitkultur eine Gesprächskultur entstehen. Es ist in einer Partnerschaft ganz wichtig, miteinander zu reden, nicht übereinander, aber auch nicht aneinander vorbei. Das bedeutet, auf die Argumente und Wünsche des Partners sowie auf die eigenen einzugehen. Manchmal ist es klug, sich dabei auf die Entscheidung des Partners und somit auf etwas Neues einzulassen. Und manchmal ist es wiederum besser, dem eigenen guten Gefühl zu vertrauen und sich taktvoll durchzusetzen. Wieder ein anderes Mal kann es sinnvoller sein, sich irgendwo in der Mitte zu treffen und gemeinsam nach Alternativen zu suchen. Jede Beziehung lebt vom Vertrauen, von Spontaneität und Kreativität. So können immer mehr krank machende Irrtümer vermieden werden beziehungsweise sich lösen.

Keine Harmonie um jeden Preis. Ein zerstörerischer Irrtum ist es, zu glauben, dass Harmonie um jeden Preis das Allerwichtigste für eine Beziehung sei und alles getan werden müsse, um diese dauerhaft zu halten. Beziehungen, die diesem Irrtum verfallen, sind am stärksten gefährdet. Denn wenn zum Beispiel ein Partner zu einer romantischen Vorstellung über die Liebe neigt und unbedingte Harmonie anstrebt, wird er zu viele Kompromisse machen und seine Wünsche und Bedürfnisse nicht äußern. Auf Dauer entwickelt er dann in sich das Gefühl, in der Beziehung zu kurz zu kommen, und die Unzufriedenheit nimmt mehr und mehr zu.

Harmonie in gesundem Maß ist jedoch erstrebenswert. Besonders für spirituelle Menschen ist Zufriedenheit und Harmonie wichtig. Zu lang andauernde und starke Disharmonie gefährden die Partnerschaft. Deshalb sollten Konflikte mit Weisheit und Reife ausgetragen werden.

Nicht in Aktionismus verfallen. In einer Beziehung sollte auch kein Optimierungswahn hinsichtlich gemeinsamer Unterhaltung und Unternehmungen entstehen. Zu viele Aktivitäten im Außen lenken voneinander ab. Statt sich einem spektakulären Freizeitprogramm zu widmen, sollte man sich lieber viel gemeinsame Zeit für Zärtlichkeit und Austausch nehmen. Dies stärkt Beziehungen und ist Balsam für die Seele.

Partnerübung bei einer disharmonischen Beziehung

Die folgende Partnerübung kann in disharmonischen Paarbeziehungen Wunder bewirken. Man sollte sie täglich über mindestens einen Monat ausüben. Dadurch entsteht wieder mehr Nähe, Wärme, Vertrauen, und das »emotionale« Herz öffnet sich.

Partnerübung
Beide Partner sitzen sich entspannt und bequem gegenüber und gehen in die innere Ruhe, in einen meditativen Zustand. Atmen Sie mehrmals tief ein und aus, und sehen Sie dabei Ihrem Partner tief in die Augen.

Beide Partner legen nun die Hände auf ihre Knie. Die rechte Hand liegt mit der Handfläche nach oben, bei der linken Hand zeigt die Handfläche nach unten.

Nun legen Sie gegenseitig die Hände ineinander, sodass die Finger jeweils beim anderen auf dem Unterarm (Pulsbereich) zu liegen kommen.

Schließen Sie nun die Augen, und verharren Sie, weiterhin entspannt atmend, circa fünf Minuten in dieser Position.

Seien Sie ganz in Liebe, und spüren Sie, wie ein Lichtkreis zwischen Ihrem Herzen und dem Ihres Partners entsteht und wie sich Ruhe und Frieden in Ihnen ausbreiten.

Bedanken Sie sich bei Ihrem Partner, und bewahren Sie den entstandenen Frieden in Ihrem Herzen.

Diese Übung sollten Sie mindestens einmal am Tag durchführen, bei gegenseitigem Bedarf auch öfter, um Vertrauen und Harmonie in Ihrer Beziehung zu stärken.

Wenn sich Vergangenes vermischt: Die Innere-Kind-Übung

Partner, die sich häufig streiten, verknüpfen ihre unbewussten Interpretationen aus der Vergangenheit mit der gegenwärtigen Situation. Diese Verknüpfung führt zu einer falschen Wahrnehmung der tatsächlichen Situation, denn diese hat ja in Wirklichkeit nichts mit der Vergangenheit zu tun, führt aber oft zu Missverständnissen. Deshalb sollten wir, anstatt enttäuscht und wütend zu sein, rechtzeitig das Wirken des Unterbewusstseins erkennen, zum Beispiel an der inneren Spannung oder an der sich erhebenden Stimme und am flachen Atem. Dann sollten wir uns zunächst etwas zurücknehmen, die Konfliktsituation verlassen, uns erst einmal beruhigen, wieder rationaler werden und uns darüber klar werden, worum es bei dem Disput tatsächlich ging. Dabei sollten wir unsere Gefühle reflektieren, denn über die Selbsterkenntnis kann dann die Heilung auf allen Ebenen stattfinden. So lohnt es sich, mit einem Abstand zum Geschehen die Innere-Kind-Übung zu machen. Diese Übung kann uns helfen, tief in uns hineinzublicken, weit über das hinaus, was uns jetzt beschäftigt. Sie lässt uns erkennen, warum wir jetzt so darauf reagiert haben. Dieser tiefe Einblick wird uns dann die Erkenntnis bringen, was sich tatsächlich hinter unserem Ärger verbirgt, wie wir verständnis- und liebevoll mit der Situation umgehen und wie wir unsere eigentliche göttliche liebevolle Natur leben können. Diese Übung ist ein wichtiges Hilfsmittel, um ein angstvolles oder aggressives Muster zu erkennen und abzuschwächen und sogar aufzulösen. Denn wir sind ein Gewinn für uns, wie auch für unsere Lieben, wenn wir uns selbst lieben und gut mit uns zurechtkommen.

Die Übung wirkt zwar einfach und harmlos. Doch ist es sinnvoll, sie beim ersten Mal im Beisein eines lieben Menschen durchzuführen, damit jemand für uns da ist, falls eine Emotion aufbricht. Bei schwerwiegenden Traumata aus der Vergangenheit sollte psychotherapeutische Begleitung in Anspruch genommen werden.

Die Innere-Kind-Übung

Setzen Sie sich bequem hin, und atmen Sie tief und ruhig über den Bauch ein und aus. Atmen Sie immer tiefer, und halten Sie nach dem Einatmen wie auch nach dem Ausatmen jeweils für einige Sekunden den Atem an. Kommen Sie immer tiefer in sich an.

Entspannen Sie Ihren Körper, von unten nach oben. Spüren Sie dabei angenehm und warm Ihre Füße, dann die Beine, das Becken, die Hände und Arme, die Schultern, den Rücken, den Bauch und den Kopf. Da, wo Sie Anspannung spüren, können Sie diese durch bewusstes Ausatmen loslassen.

Richten Sie Ihre ganze Aufmerksamkeit auf Ihren Atem, Gedanken sind unwichtig.

Spüren Sie die Liebe in Ihrem Herzen, und denken Sie dabei an Ihren lichtvollen Schutzengel. Sprechen Sie ihn mit folgendem Gebet an:
»Mein lieber Schutzengel,
du bist in meinem Leben willkommen.
Sei bei mir und leite mich durch meine Meditation,
so wie es sinn- und lichtvoll für meine Entwicklung ist.
Ich bitte um himmlischen Schutz und die Erkenntnis der Liebe. Amen.«

Spüren Sie die Wärme und die Lichtpräsenz Ihres Schutzengels in Ihrer Nähe.

Spüren Sie in Ihr Herzchakra hinein. Nehmen Sie die Wärme und Liebe in Ihrem Herzen wahr.

Fragen Sie sich:»Welche Qualität möchte ich in mir entwickeln, damit ich meine Individualität deutlicher spüre und mehr verwirkliche?«

Erspüren Sie die liebevolle Eigenschaft Ihrer Persönlichkeit in Ihrem Herzen, die sich noch mehr zeigen und erstrahlen will. Atmen Sie weiter ruhig und tief in den Unterbauch hinein. Seien Sie sich dieser lichtvollen Tugend bewusst, und nennen Sie sie beim Namen.

Fragen Sie sich:»Was hindert mich daran, diese Eigenschaft zu leben?« Und atmen Sie bitte weiterhin ruhig und tief ein und aus.

Lassen Sie die Erinnerung Ihres Unterbewusstseins in Form eines Bildes in Ihnen hochkommen. Es kann eine beklemmende Erinnerung aus der Vergangenheit in Ihnen auftauchen oder auch»nur« ein Gefühl, ein Gedanke, ein Symbol oder eine Farbe.

Bitte bedenken Sie, was auch immer auftauchen mag, alles ist längst vorbei. Also seien Sie einfach ein reiner

Beobachter, ohne die Bilder zu bewerten oder sich gar in die alten Emotionen fallen zu lassen.

Es ist völlig natürlich, dass als Reaktion auf die Frage an das Unterbewusstsein eher belastende Eindrücke auftauchen. Häufig werden Sie Bilder erleben, in denen Sie als kleines Kind eine Erfahrung hatten, die Sie traurig machte oder blockierte.

Nun geht es darum, das vorhandene Bild oder die Farbe liebevoll und positiv zu verändern. Nutzen Sie Ihre große Kreativität, und gestalten Sie Ihre Erinnerung nun mit viel übertriebenem Kitsch positiv und farbenfroh. Verändern Sie das Bild, so wie es Ihnen gefällt, bis Sie darüber lachen können!

Wählen Sie zum Beispiel für den Boden, die Wände und die Decke in Ihrem Bild die lustigsten Farben und Motive aus! Verändern Sie die Menschen in Ihrem Bild in die lustigsten Gestalten oder auch Bäume. Benutzen Sie stets die Symbole und Farben, die Ihnen Sicherheit und Freude vermitteln, so fühlt sich auch Ihr »inneres Kind« nach und nach sicherer.

Zum Beispiel: Nehmen wir an, Sie sehen sich als Kind in der Küche, in der die Eltern streiten. Darüber sind Sie traurig. Diese frühe »Grundstimmung« von Trauer hindert Sie heute daran, echte Lebensfreude zu genießen. Nun nehmen Sie einen Pinsel, malen Sie eine Wand sonnengelb an, malen Sie Blumen an die Wände, setzen Sie Ihrer Mutter in diesem Bild einen lustigen Hut und Ihrem Vater eine rote Clownsnase auf.

Oder Sie sehen gar kein Bild, sondern »nur« eine dunkle Farbe. Dann arbeiten Sie damit. Sie verändern nun diese Farbe zu einer hellen, strahlenden Lieblingsfarbe mit vielen Verzierungen usw.

Machen Sie mit allem das, was Sie zum Schmunzeln oder gar zum Lachen bringt! Denn Ihr »inneres Kind« will Freude empfinden, um loszulassen. Dadurch öffnet sich Ihr Herz, und Sie empfinden immer mehr Lebensfreude und innere Sicherheit.

Leben Sie jetzt die Gefühle aus, die Sie so gern erfahren möchten. Nach dem Motto: »Es ist nie zu spät, eine glückliche Kindheit zu haben.«

Erkennen Sie die Liebe in sich, und gewinnen Sie die Sicherheit, dass Sie geliebt werden und immer geliebt wurden.

Dies ist eine einfache Methode, um alte, belastende Prägungen aus der Kindheit abzuschwächen beziehungsweise aufzulösen und neue, positive zu bilden.

Bitte denken Sie daran, die ganze Zeit über weiter tief und ruhig in den Unterbauch hinein zu atmen und sich gut zu fühlen.

Spüren Sie nun diese neue positive Eigenschaft in Ihnen, und erfreuen Sie sich daran. Nehmen Sie sich in einem entspannten und glücklichen Zustand wahr, und wenn Sie dazu bereit sind, dann kommen Sie wieder in das reale Leben zurück.

Achten Sie auf einen ruhigen und tiefen Atem, genießen Sie den Moment, und bedanken Sie sich bei Ihrem Schutzengel und der lichtvollen geistigen Welt.

Lächeln Sie sich selbst zu, und empfinden Sie tiefe Liebe zu sich selbst. Spüren Sie, wie sich Ihr Gesicht mit Ihrem Lächeln noch mehr aufhellt und wie Sie von innen heraus strahlen. Genießen Sie Ihr Leben.

Nach der Übung können Sie das Thema, das Sie vorher so beschäftigt hat, bewusster, strukturierter und gelassener benennen und angehen. Denn bedenken wir in all den Krisen, dass unser Überleben nicht von all den Unstimmigkeiten abhängt. Das sollte uns die innere Sicherheit geben, mit den Situationen gelassener umzugehen. Mit etwas Übung im liebevollen Umgang mit dem inneren Kind und mit geistiger Anbindung werden Sie mit Ihren aufwühlenden Emotionen schneller und produktiver umgehen und Ihr Leben wacher und bewusster gestalten können.

Die daraus entwickelte Meisterschaft im Umgang mit den eigenen Gefühlen beschenkt uns mit innerer Sicherheit und innerem Frieden und erhöht unsere Lebensqualität. Dann machen wir tatsächlich die Erfahrung, dass wir selbst die Veränderung sein sollten, die wir im Außen erwarten. Denn wir können niemanden verändern außer uns selbst. Dann schmunzeln wir eher über die Unstimmigkeiten im Alltag, anstatt uns darüber aufzuregen. Denn der Mensch ist dann gereift, wenn das Vertrauen und die tatsächlichen Handlungen im Alltag sich die Waage halten.

Selbsterkenntnis ist eine Herausforderung. Es ist allerdings so, dass Selbsterkenntnis oftmals die höchste Herausforderung für uns darstellt. Ein spiritueller Weg, der zu innerem Wachstum und Glück führt, bedeutet nämlich auch immer innere Arbeit. Dies ist für uns recht ungewöhnlich, denn in der Schule wird uns zwar alles Mögliche beigebracht, aber wir werden nicht darin geschult, mit uns selbst umzugehen, über uns selbst nachzudenken und uns selbst zu hinterfragen. Doch Fragen wie »Wer bin ich?«, »Was will ich?«, »Wie will ich sein?«, »Warum reagiere ich so?«, »Was bewirkt mein Verhalten?« sind für das persönliche Weiterkommen im Leben ausschlaggebend. Wir sollten uns täglich mit Selbsterkenntnis und Selbstliebe beschenken, denn das ist heilende Liebe. In der Selbstliebe entfalten sich unsere Stärke und unsere Heilungskräfte auf allen Ebenen. Heilung in allem zu erleben bedeutet, sich selbst ganz und gar anzunehmen sowie vollkommene Vergebung zuzulassen. Denn jeder Konflikt, den wir innerlich oder äußerlich führen, ist in Wirklichkeit ein Konflikt mit uns selbst. Die Liebe bringt alles in den Fluss. So können wir immer wieder die heilende Erfahrung machen, dass das Loslassen, Zulassen und das Zugehen auf den Anderen zu Aufrichtigkeit und mehr Gleichwürdigkeit führt. Denn keiner ist besser als der Andere, sondern nur anders. Wir müssen uns und den Anderen verstehen, um im Leben weiterzukommen.

Sich erfahren durch den Anderen. Um uns zu erfahren und zu begreifen, brauchen wir ein Gegenüber. Die Liebe zwischen zwei Partnern ermöglicht uns, uns gegenseitig und auch uns selbst zu erkennen. Wir können herausfinden, wer wir schon immer waren und wer wir noch werden können. Die Liebe ist das höchste menschliche Gefühl, sie lässt Momente von gegenseitiger Nähe, Positivität und Fürsorge entstehen. Und genau diese Momente der Verbundenheit sind es, die unser Wohlergehen, unsere Gesundheit und unser spirituelles Wachstum fördern.

Unsere persönlichen Bedürfnisse sind oft durch familiäre oder gesellschaftliche Erfahrungen geprägt, und wir wissen häufig nicht, was unsere individuellen tatsächlichen Bedürfnisse sind. So entstehen falsche Scham und Schuldgefühle, die in die Sackgasse führen. So kann es zum Beispiel vorkommen, dass ein Partner wenig Interesse an Intimität zeigt, und das wiederum verunsichert den Anderen. Wenn man keinen Blick auf die Hintergründe werfen kann, werden sich auch keine Lösungen auftun. Hat ein Partner beim Umgang seiner Eltern untereinander eher Distanz, Strenge und Schamgefühle abgeschaut, wird er ein anderes Verständnis und ein anderes Empfinden von körperlicher und emotionaler Nähe haben als derjenige, der eher Freizügigkeit und einen lockereren, liebevollen Umgang bei seinen Eltern festgestellt hat. Je mehr Verständnis für solch unterschiedliche Prägungen da ist, umso mehr können beide Partner neue eigene Wege einschlagen. Mit gegenseitiger Unterstützung können sie sich selbst und ihre Bedürfnisse besser kennenlernen und sie sich gegenseitig erfüllen. So kann man sich in seiner Liebe gegenseitig bereichern. Ganz wichtig dabei ist auch, dass man sich nicht mit anderen vergleicht. Denn das Einzige, was wirklich zählt, ist, dass sich beide Partner miteinander wohlfühlen. Im unkomplizierten Umgang miteinander und in der Aufrichtigkeit liegt die Freude in den Beziehungen. In der Freude finden wir unsere Erfüllung, vor allem die Erfüllung mit uns selbst. So sollten wir immer auch für uns selbst gut sorgen, wie eine Mutter für ihr Kind sorgt, und unsere Liebe in uns spüren.

Die Bedeutung der Dankbarkeit. Wir können dann immer mehr Frieden und Dankbarkeit in uns erleben und den Zugang zu unserer Kraftquelle über die geistige Anbindung stärken. Dankbarkeit und Negativität schließen sich gegenseitig aus. Wenn wir bereits unseren Morgen, den neuen Tag mit Dankbarkeit beginnen, aktivieren wir unsere Herzenskräfte und die geistige Anbindung und schwingen darin auch lichtvoller durch den Tag. Dann ist unser Herz in der Lage, den Tag auch mit Dankbarkeit abzuschließen und die Fülle, die uns in unserem Leben zuteilwird, zu erkennen und zu genießen. So entsteht über gelebte Erfahrungen eine liebevolle, spirituelle Lebensphilosophie – sodass wir trotz unserer Herausforderungen Vertrauen in das Leben spüren. Liebe und Vertrauen machen uns mutig und stark, jeder Zweifel dagegen kostet uns Kraft. Wenn wir aus Situationen keinen Konflikt machen, dann entsteht daraus auch keiner. Jeder Situation etwas Positives, Lernendes abzugewinnen macht eine weise, reife Persönlichkeit aus uns.

Konflikte durch Stress

Viele projizieren ihren eigenen inneren Stress auf ihren Partner und werden unzufrieden. Es gibt sogar Menschen, die immer ein Haar in der Suppe finden. Sie schütteln einfach ihren Kopf so lange, bis ein Haar hineinfällt. Sie können nicht erkennen, dass ihr unbewusster Stress, der sich als schnell auftretende oder dauerhafte Unzufriedenheit zeigt, hintergründig aus den Schocks stammt, die sie in ihrer Vergangenheit erfahren haben. Es lässt sie in dauerhafter Spannung verharren, die sich von Zeit zu Zeit lösen muss und sich dann eben durch Konflikte entlädt. Aufgrund der Blockierungen durch die alten Schocks und der damit verbundenen inneren Überspannung kann der Mensch sich nur bedingt wahrnehmen und ist dann zu sehr nach außen orientiert. Da er die Befriedigung jedoch niemals im Außen finden kann und das Unterbewusstsein das weiß, wird er immer unzufriedener und gestresster, und der Stress im Inneren nimmt immer weiter zu. Damit verbunden wächst gleichzeitig auch die Vielzahl an Problemen im Außen. So kann es geschehen, dass manche Menschen dauerhafte Harmonie mit Tristesse und Langeweile gleichsetzen, und sie suchen aufgrund ihrer Überspannung geradezu nach Problemen, also nach Schuld im Außen.

Die Folgen von Stress und die Lösung. Dies kann auch zu Süchten und zu selbstzerstörerischem Verhalten führen oder zur Unterdrückung von anderen. Derart überspannte Menschen können Ruhe und Harmonie nicht dauerhaft ertragen, denn sie befinden sich überwiegend in einer disharmonischen und stressbehafteten Schwingung. Solche Menschen müssen ihren göttlichen Ursprung wiederfinden. Sie müssen lernen, ihre Aufmerksamkeit regelmäßig auf sich selbst zu lenken und in der Liebe zu sich selbst ganz präsent zu sein. Die Liebe kennt keine Gedanken an Stress, Sucht und Gier und auch keine Konflikte. Solche Menschen haben unbewusst Angst davor, sich für sich selbst, für die Liebe und für den Partner zu öffnen. Dies geht auch mit einer versteckten Angst einher, die Kontrolle zu verlieren, wenn man sich hin zu Liebe und Harmonie verändert. Dieses Selbstsabotageprogramm zeigt sich dann durch ungesundes Verhalten. Jeder weiß zwar, was ihm guttäte, doch er kann es leider oft nicht umsetzen. Zum Beispiel: Anstatt zu einem Buch mit einem liebevollen Inhalt zu greifen, greifen viele Menschen mit einer solchen Prägung lieber zum angst- und aggressionserfüllten Krimi oder Thriller. Das erste erscheint ihnen meist zu langweilig, während das zweite mehr ihrem inneren Zustand entspricht und ihre Spannungen und ihr negatives Weltbild widerspiegelt beziehungsweise bestätigt.

Falls wir einen solchen Menschen als Partner oder als Freund haben, dann sollten wir das göttliche Licht in ihm sehen und verstehen, dass seine Aggressionen mit ihm selbst zu tun haben. Sie tangieren uns zwar, aber wenn wir mit Liebe und Verständnis reagieren, dann können auch diese von ihren Blockaden dominierten Menschen ein friedfertiges und liebevolles Bewusstsein kultivieren.

Friedfertigkeit, Meditation und liebevolles Bewusstsein stehen immer im Gegensatz zu Stressgefühlen und sollten immer unsere Begleiter sein. Dann kann auch eine Partnerschaft aufblühen und sich weiterentwickeln. Denn wir leben in einem Bewusstseins- und Seelenzeitalter. Dies bedeutet: Die Menschheit erwacht zunehmend in ein höheres Bewusstsein, und wir beginnen immer mehr zu erkennen, was unsere Seele, was unsere Liebesfähigkeit, was unser Lebenssinn ist, und danach sollten sich auch unsere ethischen Werte und unser Umgang im Miteinander richten.

Wenn nur einer sich entwickelt. Stress und damit ein Konflikt kann auch entstehen, wenn einer der Partner sich spirituell weiterentwickelt und der andere damit nicht zurechtkommt. In einem solchen Fall will der Letztere die Kontrolle über die Gewohnheiten und Verhaltensweisen des Anderen nicht verlieren. Er will sich selbst nicht hinterfragen. Er will am Alten festhalten, selbst wenn die Veränderung des Anderen durchaus positiv für die Beziehung wäre. Ich rate dem Partner, der sich spirituell weiterentwickelt, Verständnis für den Anderen aufzubringen. Vor allem sollte man wie bei jeder spirituellen Entwicklung darauf achten, auf dem Boden der Tatsachen zu bleiben und nicht in die lichtvollen Themen zu flüchten. Denn dies macht jedem Partner zu Recht Angst und bringt jede Beziehung in Gefahr. Demjenigen, der einen Partner hat, der sich spirituell weiterentwickelt, rate ich, keine Angst vor seiner Veränderung zu haben und offen dafür zu sein. Es ist natürlich nicht zwingend notwendig, dass er den gleichen Weg beschreitet – wie ich schon anmerkte: Partner müssen sich nicht angleichen –, aber er sollte dem Partner die Veränderung nicht vorwerfen, sich sogar dafür interessieren und sich fragen, was Spiritualität für ihn bedeutet.

Eine liebevolle Lebensphilosophie ist grundsätzlich für jeden Menschen wichtig, denn davon hängt es ab, ob das Urvertrauen in herausfordernden Zeiten zerbricht oder eher gestärkt wird.

Dies entscheidet jeder für sich selbst, über seinen freien Willen. Deshalb benötigen wir ein Bewusstsein für liebevolle und friedvolle Werte und das Wissen, dass hinter allem ein höherer Sinn zu finden ist. Nur dann können wir begreifen, dass wir unser Leben nicht nur in den engen Grenzen des materiellen Daseins betrachten sollten, sondern dass wir aus der grenzenlosen Fülle unseres Herzens die Liebe und ein erfülltes Leben erleben können. Denn die Liebe ist eine starke, nie endende, erneuerbare Kraftquelle, die jede zwischenmenschliche Beziehung durchdringen und mit Energie versorgen kann. Und mit Vertrauen, Achtsamkeit und etwas Übung kann jeder lernen, Liebe zu erzeugen, wann immer er will. Damit wird das eigene Leben lichtvoller und auch das Leben derjenigen, mit denen wir in Verbindung stehen oder in Verbindung treten.

Übung gegen Stress

Setzen Sie sich bequem hin, und entspannen Sie Ihren Körper von den Zehen bis zum Kopf.

Atmen Sie bewusst tief und entspannt in den Bauchraum. Halten Sie die Luft nach dem Einatmen wie auch nach dem Ausatmen immer für einige Sekunden an.

Besinnen Sie sich auf die Liebe in Ihrem Herzen, und lassen Sie sie weiter ausdehnen.

Werden Sie immer ruhiger und liebevoller in sich, und spüren Sie, wie eine Woge von vertrauensvoller Wärme in Ihrem Inneren immer präsenter wird.

Verbinden Sie sich in diesem Empfinden mit dem himmlischen Licht, und spüren Sie, dass Sie vom Höheren getragen und geliebt werden.

Genießen Sie diesen harmonischen Zustand, solange Sie möchten, kommen Sie in Achtsamkeit wieder in Ihr Tagesbewusstsein zurück, und erfreuen Sie sich an Ihrem Leben.

Ich wünsche Ihnen einen wunderbaren Tagesverlauf.

Konflikte durch Trennung

Verlustangst spielt im menschlichen Empfinden eine große Rolle. Beim Thema Beziehungen kommen wir um dieses Thema nicht herum, denn kein Mensch gehört uns, sondern wir schenken uns gegenseitig eine gemeinsame Zeit. In Trennungen und Scheidungen spiegelt sich oftmals dieser Schmerz ganz deutlich wider. Je geringer die Eigenliebe, desto größer fällt der Trennungsschmerz aus.

Während eine Scheidung früher eher ein Stigma darstellte, haben wir heute die Freiheit, uns in einer Krise weiterhin füreinander zu entscheiden oder auseinanderzugehen. Trotz der heutigen Freiheit, die zweifellos viele Vorteile mit sich bringt, ist das

Leben dadurch nicht automatisch leichter geworden. Ein Verlust dieser Art ist immer ein kritisches Ereignis für alle Beteiligten. Oft will einer der beiden Partner die Trennung anfangs nicht wahrhaben und geht durch Phasen der Angst, Trauer und Wut hindurch, bis er den Abschied akzeptieren kann. Schließlich gewöhnt er sich an die neue Situation, und das Leben kann unter den nun neuen Bedingungen fortgeführt werden.

Gefühle akzeptieren und sortieren. Wichtig finde ich bei einer Trennung, dass man sich einen Rückzug gönnt, um seine Gefühle zu sortieren und das Geschehene Revue passieren zu lassen. Auch ist es wichtig, den Partner ganz loszulassen und ihm innerlich nur das Beste für seine Zukunft zu wünschen. Das bedeutet nicht, dass Sie Gefühle der Wut oder vielleicht sogar Rache verdrängen sollten – solche Gefühle können im Trennungsschmerz durchaus normal sein. Akzeptieren Sie sie, und verurteilen Sie sich nicht dafür. Aber wenn Sie sich klarmachen, dass Sie kein Anrecht auf Ihren Partner haben, dass Sie Liebe nicht erzwingen können und der Partner ein freier Mensch ist, der andere Wege gehen möchte, dann sollten sich diese Gefühle abschwächen. Vielen Menschen hilft der Gedanke, dass auch sie diejenigen hätten sein können, deren Gefühle sich verändern und die eine Trennung wünschen.

Beispiel Wut nach einer Trennung. Ich erinnere mich an eine attraktive Frau im Alter von Anfang 40. Sie machte einen sehr verschlossenen und verkrampften Eindruck. Sie erzählte mir, ihr Mann habe sie vor circa neun Monaten völlig unerwartet wegen einer anderen Frau verlassen. Sie wirkte aggressiv, während sie das erzählte. Sie berichtete, dass der Kontakt zu allen Freunden erloschen sei. Sie und ihr Mann waren gemeinsam im Reitverein und im Tennisklub gewesen, doch in beiden Vereinen fühlte sie sich nun nicht mehr willkommen und wohl, weil sie glaubte, man würde ihre Nähe meiden, obwohl ihr Mann in beiden Vereinen nach der Trennung nicht mehr aktiv war. Es war vermutlich ihr eigener Selbstwertverlust, ihre Enttäuschung und unterdrückte Wut, die alle Beteiligten spürten und wodurch sie sich selbst in die Außenseiterrolle und ins Abseits manövrierte.

Ich empfahl ihr, den Blick nach vorne in ihre Zukunft zu richten, das Vergangene loszulassen und Frieden mit ihrem Mann und vor allem mit sich selbst zu schließen, und legte ihr das Vergebungsgebet nahe. Sie jedoch blieb in ihrer wütenden Opferrolle und wurde zur Täterin gegen sich selbst. Sie antwortete mir: »Ich werde meinem Mann niemals verzeihen!!!«

Sie litt also lieber weiter, während es ihrem Mann mit seiner neuen Geliebten gut ging. An einem solchen Beispiel ist zu erkennen, dass Loslassen und Verzeihen für den eigenen inneren Frieden und für eine erfüllte Zukunft unabdingbar sind.

Den Blick auf Positives richten. In der Rückschau sollten wir unseren Fokus nicht nur auf das Negative in der vergangenen Beziehung richten, sondern auch in dankbare Resonanz mit den schönen gemeinsamen Erlebnissen gehen. Viele haben in einer solchen Phase zum Beispiel das Gefühl, sie hätten viele Jahre ihres Lebens verschenkt. Eine solche Einstellung wäre falsch, denn sie haben nichts verschenkt, sondern sie haben in diesen Jahren wertvolle Erkenntnisse gewonnen, die ihre persönliche

Reife und Weiterentwicklung vorangebracht haben, und es gab viele schöne Erlebnisse, die sonst in ihrem Leben nicht hätten stattfinden können. Dann können sich die Partner später wieder als Freunde begegnen. So kann das Leben sich neu gestalten, und die Dinge können sich neu fügen. Die Verarbeitung der Trennung sollte eine aufrichtige, faire und wertschätzende Haltung zueinander ermöglichen, und die soziale Kompetenz sollte sich auch hier entfalten. Die Liebe will gelebt, sie kann nicht eingefordert werden. Denn die Liebe ist in uns, nur dort können und müssen wir sie finden. Keiner schuldet uns Liebe, keiner schuldet uns überhaupt irgendetwas. Eine solche innere weise Haltung macht uns eigenständig und frei von allen Anhaftungen.

Selbstwertprobleme. Eine Trennung bedeutet für den Verlassenen fast immer, dass sich bei ihm Selbstwertprobleme entwickeln. Der Partner liebt einen nicht mehr, wünscht seine Nähe nicht mehr, möchte die Zukunft ohne ihn gestalten. So ist es nicht verwunderlich, dass sich Zweifel hinsichtlich des Selbstwerts einstellen. Besinnen Sie sich darauf, dass Sie Gottes Schöpfung und deshalb vollkommen sind. Sie sind ein lichtvolles Wesen – mit all Ihren Schwächen und Stärken. Machen Sie sich Folgendes klar: Der Abschied eines Menschen ist nur der Abschied *eines* Menschen, er hat rein gar nichts mit Ihrem Wert zu tun. Fühlen Sie sich von Gott geliebt, und lieben Sie sich selbst. Richten Sie Ihren Blick nach vorne. Ihr Motto sollte sein: »Ich liebe mich und bin liebenswert! Auch wenn ich jetzt traurig bin, so weiß ich doch, dass es lichtvoll weitergeht, und wenn ich bereit bin, wird wieder eine neue Partnerschaft kommen.«

Je größer die Eigenliebe ist, desto geringer ist der Trennungsschmerz.

Auch die mentale Trennung ist wichtig. Das folgende Gebet kann nach einer partnerschaftlichen Trennung hilfreich sein. Denn es ist wichtig, dass sich die Partner nicht nur räumlich trennen, sondern auch auf der mentalen Ebene. Manches Mal ist es so, dass einer der Ex-Partner noch melancholisch am anderen hängt und keinen Frieden finden kann. So kann es zu ungesunden Energieströmen zwischen den Beteiligten kommen. Die Ex-Partner müssen sich von ganzem Herzen auf sich selbst besinnen und ihre Liebe zu sich selbst spüren, dem Anderen alles Gute wünschen und dann loslassen, damit jeder frei seinen eigenen Weg gehen kann. Betroffenen kann die folgende Zeremonie helfen, sich für immer von ihrem Ex-Partner in Liebe zu verabschieden. Gehen Sie in meditative Ruhe, und hüllen Sie Ihren Ex-Partner in Licht ein, wünschen Sie ihm alles erdenklich Gute, Liebe und Licht auf seinem zukünftigen Weg. Bitten Sie die himmlische Welt für ihn um Segen. Bedanken Sie sich für die gemeinsame Zeit, denn dass etwas schlecht endet, bedeutet nicht gleichzeitig, dass es schlecht war. Verabschieden Sie sich, und erkennen Sie Ihre eigene Liebe, Liebenswürdigkeit und Schönheit. Lächeln Sie Ihre eigene Zukunft voller Liebe und Zuversicht an, und bewahren Sie diese zukunftsorientierte innere Haltung.

Ich empfehle, das Gebet zu sprechen, nachdem Sie auf mentalem Weg einen Kontakt zum Ex-Partner hergestellt haben.

Gebet nach einer Trennung

»Liebe/r (Name),

unsere Wege haben sich getrennt.

Ich bedanke mich bei dir für die gemeinsame Zeit und für all die schönen Momente.

Ich wünsche dir von ganzem Herzen alles Gute und Gottes Segen auf deinem Lebensweg.

Mein Glück ist in mir, und ich wünsche dir, dass du deines in dir findest.

Ich gehe auf meinem lichtvollen Lebensweg voran und bitte die himmlische Kraft für Segen und Unterstützung bei meinem Neubeginn.

Möge sich alles so licht- und sinnvoll entwickeln, wie es für alle Beteiligten heilsam ist.

Ich bin gesegnet und fühle mich geliebt.

So sei es! Amen.«

Wenn wir schon Beziehungen abschließen und loslassen müssen, so sollten wir es mit Liebe geschehen lassen. Dann kann in uns und unserem Leben alles heilen, und wir können in unserer Weisheit und Unabhängigkeit wachsen. Ein liebevoller Umgang und eine liebevolle Entwicklung entsprechen dem Sinn des Lebens. Auch Trennungen können eine notwendige Form des inneren Wachstums darstellen. So sollten wir voller Liebe lichtvoll durch das Leben gehen, in Leichtigkeit und Freude, und herzliches Lachen in unseren Alltag integrieren. Dies bedeutet, das Leben nicht zu schwer zu nehmen, sondern einen Weg in innerer Freiheit zu gehen. Finden wir in meditativer Ruhe unsere liebevolle Kraft und lassen Inspiration und Freude zu. Dann können unsere Liebe zu uns selbst, unsere Hoffnung und Kreativität verstärkt wieder fließen. Dies sind die wichtigsten Eigenschaften, die wir für einen Neubeginn brauchen. Leben wir unser leuchtendes, farbenfrohes Naturell durch unsere liebevollen Gedanken, Gefühle und Taten. Die Liebe entspricht einem sinnerfüllten Weg.

Die Kunst der Versöhnung

Die Versöhnung in Liebe könnte so einfach sein: Sich in Liebe umarmen, und alles ist vergeben. Doch wenn ein Streit Wunden verursacht hat und das Vertrauen nachhaltig gestört ist, geht die Vergebung meist nicht mehr so einfach vonstatten. Konflikte zu lösen ist manchmal harte Arbeit, die einen fast zum Verzweifeln bringen kann. Hier kann das Zulassen beziehungsweise die Annahme der Hilfe aus der geistigen Welt unterstützend sein, ebenso das liebevolle Vertrauen in die natürliche Intuition. Viele

Menschen fragen sich: Wo und wann soll ich in das Geschehen eingreifen, wo lasse ich Freiraum für die Entfaltung der Dinge, wann lasse ich den Dingen ihren freien Lauf? Verständnis, Entscheidungs- und Handlungsfähigkeit, Hingabe, Konsequenz und Loslassen sind Kräfte, die stets eine entscheidende Rolle spielen, um im richtigen Moment das Richtige zu tun. Und oft ist sogar vordergründig nicht wichtig, *was* getan wird, sondern *wie* es getan wird. Hier ist der Ton meist entscheidender als der Inhalt des Gesagten. Denn sonst können die Konflikte eine eigene Dynamik entfalten, ein Wort ergibt das andere, und am Ende weiß man gar nicht mehr, worum es eigentlich ging. Übrig bleiben Wut und Schmerz. Wir brauchen also ein geeignetes Mittel für die Konfliktbewältigung.

Meditation und Gebet als Bewältigung. Die bekanntesten und bewährtesten Mittel sind Meditation und Gebet. Meditieren, ruhig atmen, in die Stille finden, sich aus der »Schusslinie« nehmen. So können wir uns in den Standpunkt eines Betrachters versetzen. Als Betrachter ist man neutraler, emotionsfreier, klarer und offener für Selbsterkenntnis, Horizonterweiterung und Mitgefühl. Dies ermöglicht ein spirituelles, kluges, liebevolles und lösungsorientiertes Denken. So geht ein geistig erwachsener Mensch, im Gegensatz zum hilflosen Verhalten des »inneren Kindes«, mit den Lebensumständen um. Er stellt sich lösungsorientiert der Lebenssituation. Er flüchtet nicht wie ein Opfer und verhält sich nicht wie ein Täter, der mit Schuldzuweisungen und Aggressionen angreift. Schuldzuweisung hat niemals einen konstruktiven Inhalt. Sie ist nicht lösungsorientiert, sondern ein Verharren im Vergangenen. Nur die Lösungen führen in die Zukunft.

Wenn zwei heftig streiten, sind meist beide gleichzeitig Opfer und Täter. Wut und Ohnmacht verändern die Sicht aufs Gegenüber, und Liebe und Verständnis finden darin keinen Ausdruck. In einer solchen emotionalen Eskalation können selbst liebende Menschen zu Feinden werden.

Die Selbstüberschätzer. Es gibt Menschen, die aus den unerlösten eigenen inneren Konflikten heraus übertreiben, aggressiv und rechthaberisch reagieren. Das überhöhte Ego verblendet und verleitet zur Selbstüberschätzung. Ein solcher narzisstisch geprägter Mensch kennt und akzeptiert nur seine eigene Wahrheit, seine eigenen Wünsche und Ziele und will diese immer durchsetzen. Seine Wahrnehmung der Welt ist reduziert auf die Spiegelungen seines Selbst. Menschen mit einem extremen Narzissmus glauben, nur sie würden die Wahrheit kennen. Ein Konstrukt aus festen Normen und Regeln soll ihre Wirklichkeit stabil halten, um sie zu kontrollieren und beherrschbar zu machen.

Der Weise. Ein weiser Beobachter dagegen respektiert seine persönlichen Grenzen und Meinungen sowie die persönlichen Grenzen und Meinungen des Anderen und kann ihn in seinem So-Sein lassen. Er kann auch erkennen, dass die Wahrheit des Lebens so groß ist, dass sie auch im Anderen vorhanden ist. Nach dem Motto »Leben und leben lassen« oder »Liebe deinen Nächsten wie dich selbst« können wir lernen, wie eine Versöhnung gelingen kann. Dafür ist es wichtig, die Reinheit der Absicht zuerst zu formulieren. Denn am Ende der Konfliktlösung sollte Frieden für alle Beteiligten herrschen und nicht ein ausgefochtener Konflikt mit Verlierern und scheinbaren Gewinnern.

Wer einen Konflikt wirklich lösen will, muss sich durch und durch mit ihm und auch mit sich selbst auseinandersetzen. Und erkennen, dass keiner der Beteiligten nur Opfer oder nur Täter ist. Wer einem anderen die Schuld gibt, gibt ihm auch die Macht über seine Befindlichkeit. Zu jedem Konflikt gehören zwei. Einer, der angreift, braucht einen anderen, der sich angreifen lässt. Und wenn man aus der Schuldzuweisung und dem emotionalen Chaos hinaustritt und in die notwendige Ruhe und Selbsterkenntnis findet, tritt man aus der Resonanz hinaus, die den Konflikt am Leben hält. Man wird frei von dieser Anhaftung: »Dir geschehe nach deinem Glauben.«

In der Spiritualität sollte es weder Beurteilung noch Verurteilung geben. An dessen Stelle treten Gleichmut, Verständnis, Klarheit und Vertrauen. Dann kann die Liebe alles heilen.

Die Notbremse ziehen. Betrachten wir einmal genauer den Verlauf von Streitigkeiten, um künftig schon im Vorfeld die Notbremse zu betätigen. Am Anfang tauscht man noch Argumente aus, dann beginnt die Meinungsverschiedenheit immer mehr zu eskalieren. Das Herz verschließt sich, und die Liebe fehlt. Wir sollten uns diesen Verlauf einmal verdeutlichen, um zu erkennen, dass es so niemals zu einer lichtvollen Lösung, sondern im Zweifelsfall nur zu weiteren Konflikten führen wird. Wenn wir in uns ruhen, können wir uns in die Rolle des Betrachters begeben. So können wir uns in Weisheit neue Verhaltensmuster überlegen. Dies kann dazu führen, dass wir rechtzeitig merken, wann der Austausch von Argumenten langsam beginnt, in Meinungsverschiedenheit zu eskalieren. Das merken wir an unserem sich verändernden, schwereren Atem und daran, dass wir innerlich immer nervöser werden. Dann können wir rechtzeitig innehalten, tief durchatmen, in Liebe innerlich lächeln und uns daran erinnern, worum es bei diesem Gespräch im Kern eigentlich geht. Dadurch werden wir wieder neutraler, gelassener und friedvoller und können das Gespräch taktvoll und souverän in eine lösungsorientierte Richtung lenken. Wir müssen akzeptieren, dass wir verschiedene Meinungen haben dürfen, und den Dingen ihre nötige und berechtigte Zeit für die Lösung lassen. Dabei ist es wichtig, die tatsächlichen Bedürfnisse von den oberflächlichen, rechthaberischen Wünschen zu unterscheiden. Erst dann kann man dem Anderen Verständnis und Mitgefühl entgegenbringen, Frieden einkehren lassen und zur Liebe zurückfinden.

Jeder Mensch möchte wie wir selbst wahrgenommen, verstanden und geliebt werden. Daraus entsteht intuitiv ein gutes Gefühl für die richtigen Lösungen beziehungsweise für den rechtzeitigen Rückzug. Reden und Verständnis helfen immer, während Schweigen und Vorwürfe zu Verhärtung und Entfremdung führen. Ungeduld und Geringschätzung erschweren jeden Lösungsprozess. Auch das Zuhören will oftmals erst gelernt sein.

Bedürfnisse erkennen. Wir müssen oft erst lernen zuzugeben, dass hinter unserem Streit und Zorn in Wirklichkeit die Sehnsucht nach Liebe, Sicherheit und Geborgenheit steht. Wir haben Angst, der Andere könnte sich von uns entfernen und wir würden seine Liebe nicht mehr erhalten. Erkennen wir also unsere Bedürfnisse. Denn dies öffnet Türen, die zu neuen Wegen führen. Und öffnen wir auch unser Herz für unser Gegenüber, dann können wir wahrnehmen, dass hinter dem selbst konstruierten Kontrahenten ein liebenswerter und von uns geliebter Mensch steht. Wir erkennen dann auch, dass dieser geliebte Mensch unter dem Konflikt genauso leidet wie wir selbst. Alle Menschen sind verschieden, und deshalb kann niemand fordern, der Andere müsse so denken, fühlen und handeln wie wir selbst. Dann können Empathie und Verständnis füreinander wieder erwachen, und man kann sich in die Arme nehmen und in Liebe vergeben.

Einen klugen und weisen Menschen erkennt man daran, dass er in der Lage ist, in jeder Situation zur Besinnung und Erkenntnis zu kommen, und seine Zeit nicht mit sinnlosem Streit verschwendet. Einem solchen Menschen, der Licht und Liebe im Herzen trägt, kommt es nicht in den Sinn, andere zu erniedrigen, zu beleidigen, ihnen ins Wort zu fallen oder immer recht haben zu müssen. Er geht nicht in negative Resonanz und lässt sich somit nicht »vergiften«. Stattdessen handelt er bedächtig, maßvoll, mitfühlend und liebevoll.

So können wir auch verstehen, dass nur der vergeben kann, der auch wirklich die Liebe in sich trägt. Vergebung muss aber nicht bedeuten, erlittene Verletzungen zu leugnen, sondern es heißt, sie innerlich loszulassen, um Frieden zu schließen, vor allem mit sich selbst. Alles, was wir anderen antun, tun wir in Wirklichkeit auch uns selbst an.

Was Frieden bringt. Selbst die Klärung einer Schuldfrage bringt allein oft keinen Frieden. Es ist vielmehr der weise Umgang damit, der den Frieden sichert. Wenn mich persönlich eine Situation unzufrieden macht, frage ich mich in der Phase des aufkeimenden Unmutes: »Wird mich diese Situation später im Jenseits noch interessieren?« Dann stelle ich fest, dass mich nur mein innerer Frieden interessieren wird, mit dem ich das Leben reflektieren und meine liebevolle Resonanz auch im Jenseits gestalten sollte. So fällt es mir leicht, über meinen Unmut zu lächeln, ihn zu beobachten, zu verstehen und in Liebe zu mir selbst und im Mitgefühl für den anderen loszulassen. Das ist meine spirituelle Praxis und psychologische Tiefe im Alltag. Das nachfolgende Vergebungsgebet hat sich in vielen Fällen bewährt. Wenn wir es benutzen, brauchen wir nicht unbedingt an jemand Bestimmtes zu denken. Dabei sollten wir auch nicht jedes Wort hinterfragen, denn unser Unterbewusstsein erkennt den Kern; es weiß, was damit gemeint ist, und nimmt es heilsam an. Wir können das Gebet in akuten Situationen dreimal täglich drei Wochen lang sprechen. Aber auch wenn wir scheinbar grundlos traurig sind. Das Gebet entfaltet seine heilsame Wirkung, und wir können fühlen, wie unser innerer Frieden immer größer wird.

Bevor wir mit dem Gebet beginnen, sollten wir uns entspannen, uns auf uns besinnen, Frieden in unserem Herzen empfinden und dabei auf einen ruhigen Atem achten.

Vergebungsgebet

»Gottes Liebe erfüllt meine Seele.

Ich vergebe dir, was du getan hast, bewusst und unbewusst.

Ich bitte dich, mir zu vergeben, was ich getan habe, bewusst und unbewusst.

Ich bitte alle Menschen, dir zu vergeben, was du getan hast, bewusst und unbewusst.

Ich bitte dich, allen Menschen zu vergeben, was sie getan haben, bewusst und unbewusst.

Ich bitte alle Menschen, mir zu vergeben, was ich getan habe, bewusst und unbewusst.

Ich vergebe allen Menschen, was sie getan haben, bewusst und unbewusst.

Ich bitte Gott, dir zu vergeben, was du getan hast, bewusst und unbewusst.

Ich bitte Gott, mir zu vergeben, was ich getan habe, bewusst und unbewusst.

Und ich vergebe mir, was ich getan habe, bewusst und unbewusst.

Mögen Liebe und Frieden in den Menschen sein.

Amen.«

Mithilfe des Gebets können wir erkennen, dass das Innehalten oft die schnellste Bewegung zum Ziel ist. Innezuhalten, die Spannungen loszulassen und zu vergeben erfordert Erkenntnis und Einsicht. Wenn wir loslassen, was uns bisher belastet hat, erschaffen wir uns Raum, um unseren Horizont zu erweitern, zu wachsen, uns lichtvoll zu verändern und zu heilen. Loslassen vermindert Stress, bringt Entspannung und schafft Wohlgefühl, ermöglicht einen klaren Blick auf das, was einem wirklich wichtig ist, und bereitet den Weg in die richtige Richtung. Dabei werden auf eine natürliche Weise neue Kräfte aktiviert. Wer Frieden will, muss sich und seine Mitmenschen verstehen und vergeben können.

Wenn es um Vergebung bei tief greifenden Konflikten geht, hat sich auch das heilsame Symbol des Lichtkreuzes bewährt. Heilende Symbole tragen eine besondere Kraft in sich und können auch besondere Heilkräfte anstoßen. Das Energiesymbol wird umso intensiver wirken, je intensiver der Mensch Liebe und reine Absicht hineingibt.

Das Lichtkreuz spiegelt die Verbindung von Himmel und Erde wider, die Begegnung von Geist und Stofflichkeit. Dies fördert die innere Balance und einen gesunden Abstand zu Belastungen. Es gibt Schutz und aktiviert Heilkräfte auf allen Ebenen. Zur Auflösung von Blockaden und Ängsten empfehle ich, ein lichtvolles Kreuz in die innere Vorstellung, die Sie beschäftigt, hineinzustellen.

Gehen Sie in die meditative Haltung, und lassen Sie mit Liebe eine Lichtkugel zwischen Ihren Händen entstehen. Visualisieren Sie ein lichtvolles gleichschenkliges Kreuz in der Lichtkugel.

Meditation mit dem Lichtkreuz für die Lösung von Konflikten

Setzen Sie sich bequem hin, und bitten Sie die lichtvolle, geistige Welt um Mithilfe.

Bringen Sie Ihren Körper zur Entspannung. Entspannen Sie die Füße, die Beine, das Becken, die Hände, die Arme, die Schultern, den Rücken, die Ober- und Unterkiefermuskulatur, und empfinden Sie Kühle auf der Stirn. So hat auch der Kopf die Möglichkeit, frei zu werden.

Beobachten Sie den Atem, halten Sie nach dem Ausatmen und dem Einatmen für einige Sekunden den Atem an. Der wird immer tiefer, langsamer und stabiler. Unterstützen Sie jeden Atemzug mit einem Herzenslächeln, sodass Sie Wärme und Liebe in der Brust spüren.

Atmen Sie ein, und atmen Sie aus, alles andere wird unwichtig. Spüren Sie in Ihrem Herzen den Satz: »Ich verbinde mich mit der lichtvollen geistigen Welt.«

Werden Sie zu einer wunderbaren Lichtsäule.

Spüren Sie Ihr Lächeln in Ihrer Brust, und fühlen Sie die Frage: »Welcher Konflikt beschäftigt mein Inneres?«

Vielleicht erscheint in Ihnen das Bild eines Menschen oder etwas aus dem beruflichen Alltag oder eine Krankheit. Vielleicht auch ein für Sie überraschendes Thema.

Seien Sie bei diesem Vorgehen möglichst emotionslos und neutral. Seien Sie einfach nur Beobachter.

Atmen und lächeln Sie. Werden Sie sich bewusst, welchen Konflikt das innere Bild Ihnen aufzeigt. Vielleicht das Thema Vergebung, das Thema Loslassen oder auch etwas anderes. Es hat auf jeden Fall immer mit dem Thema Liebe zu tun.

Nun visualisieren Sie zwischen Ihnen und dem vorhandenen Thema in Liebe ein Lichtkreuz. Es möge wie die Sonne heilsam auf Sie beide scheinen, eine lichtvolle Wand der Vergebung zwischen Ihnen entwickeln, sodass in Ihnen immer mehr Frieden und Sicherheit geboren werden, mit dem Gefühl:»Alles wird gut. Alles wird sich klären und lösen.«

Spüren Sie immer mehr diese heilende Liebe in Ihnen, die den Konflikt immer mehr abschwächt und ihn schließlich löst.

Dieses Lichtkreuz durchleuchtet und erfüllt licht- und liebevoll Ihr Thema.

Mit der Eigenschaft, die Ihrem Konflikt entspricht, zum Beispiel Verständnis, Vergebung und Loslassen, umarmen Sie dieses Thema.

Wenn sich noch etwas in Ihnen wehrt, bleiben Sie im Atem, bitten Sie die Engel um Hilfe, und übergeben Sie ihnen das Thema.

Versuchen Sie nun erneut, dieses Thema in Liebe und mit innerer Stärke zu umarmen, so lange, bis es Ihnen vollkommen und lichtvoll gelingt. Eventuell geschieht dies auch erst in einer späteren Meditation.

Es wird Ihnen nun immer mehr bewusst, welche Kraft zur Überwindung allen Schicksals Sie besitzen. Sie sind geborgen und werden von Gott geliebt.

Verbeugen Sie sich in tiefer Demut. Dies wirkt befreiend und heilend, und Sie können die Gegenwart Gottes und die Umarmung und Liebe Ihres Schutzengels spüren.

Alles ist in Ordnung, so wie es ist. Entwickeln Sie Demut, das heißt die Erkenntnis, dass alles machbar ist im Fluss mit dem höheren Sinn. Mit Demut gewinnen Sie an Kraft, das Thema weiter zu lösen, oder vielleicht auch die Erkenntnis, dass Sie zur Unterstützung Hilfe von außen in Anspruch nehmen sollten.

Das Thema selbst sollte zunehmend unwichtiger werden. Wichtig ist vielmehr, dass Sie in Liebe sind und vollkommen im Licht stehen.

Ihr Lichtstrahl des Herzens fließt nach oben zum Himmel, fließt hinunter zur Erde, fließt nach links und nach rechts. Öffnen Sie sich immer mehr, und fühlen Sie sich mit allem verbunden.

Spüren Sie Ihre Stärke und Liebe. Sie wachsen und wachsen in ihrem Inneren! Fühlen Sie sich im Licht eingehüllt, in dem Wissen, dass Sie alles schaffen können. Besinnen Sie sich noch stärker auf sich.

Sagen Sie sich innerlich: »Ich liebe mich«, und fühlen Sie es in Ihrem Herzen.

Sie wissen nun, wie Sie mit einem belastenden Thema umgehen können. Schöpfen Sie aus dieser medialen Übung Sicherheit, Urvertrauen und Kraft. Sie können sie täglich oder auch mehrmals am Tag praktizieren. Im Laufe des Übens werden Sie merken, dass sich etwas heilsam löst und Sie somit immer gelassener werden. Sie können mit dieser Form der Meditation zu der Erkenntnis gelangen, dass Feindschaften, Aggression und nachtragende Gefühle niemals zu einer Lösung führen. Jeder sollte sich bei der Suche nach Problemlösungen auf seine Eigenliebe besinnen, seine Mitte finden, auf seine geistige Anbindung und auf sein liebevolles Herz hören. Aus diesem Zustand heraus werden Lösungen erkennbar. Zugrunde liegende Ängste und gewohnte und eingefahrene Verhaltens- und Denkmuster können sich bewusst und in Weisheit lösen. Auch festsitzende Muster lassen sich aufbrechen, wenn im Inneren kein Konflikt mehr wütet. Liebe und Demut müssen die Oberhand gewinnen. Seien Sie achtsam, und folgen Sie immer Ihrem liebevollen Herzen, denn es kennt die Wahrheit.

Das Ziel ist Liebe. Das Ziel jeder inkarnierten Seele ist die Weiterentwicklung zur gottähnlichen Liebe. Es ist ein spirituelles Grundbedürfnis eines jeden Menschen, die gelebte Liebe als Lebensqualität in seinem Leben und im Miteinander zu erfahren. Die Liebe will er als tatsächliche Erfahrung von zwischenmenschlichen Beziehungen erleben können und sich in Beziehungen und Gemeinschaft wohl, willkommen und geliebt fühlen. Dies ist in erster Linie über die Nächstenliebe und Hilfsbereitschaft erfahrbar, denn dabei handelt es sich um gelebte Liebe. Unser innerer Friede wirkt sich auch auf unsere Umgebung aus. Wenn wir mit uns selbst im Reinen sind und Frieden geschlossen haben, beginnen wir, das Leben zu verstehen. Dann tragen wir keine Konflikte mehr mit uns aus und bekommen eine klare Sicht auf die Dinge. Dies ist konsequentes Sein und Verhalten in Liebe. Dann ist auch die Kraft vorhanden, die einen beschwingt und die man mit anderen teilen und genießen kann, in Form von einem glückseligen Miteinander und einem liebevollen Austausch. Bei der Liebe handelt es sich um ein Geschenk, sie ist nicht geschuldet und auch nicht verdient. Sie lebt nicht von Erfolg und Versprechungen, sondern von der Freiheit des Gebens und entsprechender Entscheidungen. Sie ermöglicht inneren Frieden, Freude, Heilung und Aussöhnung mit dem Leben. Wenn wir selbst aus vollem Herzen unser Leben als lebenswert empfinden, setzen wir die Kräfte frei, die wir zum Loslassen und Heilen der Verletzungen brauchen. Eine lichtvolle Heilung der alten Verletzungen geschieht durch das Einschwingen in die spirituelle Energie der Liebe und Dankbarkeit. Schenken Sie sich selbst die Liebe und Zuwendung, die Sie brauchen. Selbstliebe und Hingabe bringen neuen Lebensmut und überstrahlen alles. Liebe heißt auch Vergeben ohne Wenn und Aber, ohne Vorbedingungen, einfach ein Dasein für seine Lieben. Denn wer liebt, sucht das Wohlergehen des Gegenübers. Es geht auch um die Suche nach der Sicherheit des Gehaltenseins in dieser Verbindung. Es geht um die Tragfähigkeit der Gemeinschaft.

Von der Pflichterfüllung zur Beziehung. Ein regelmäßiges Überdenken beziehungsweise Umdenken in unserer Lebensgrundhaltung tut uns gut. Aus einer Pflichterfüllungsmentalität müssen wir unser Verhältnis zu uns selbst und auch zu anderen hin zu einer Beziehungsmentalität verändern. Dann können wir erkennen, dass wir da, wo wir uns befinden, auch richtig und wichtig sind. Dieser Frieden beginnt immer in uns selbst und ermöglicht positive und liebevolle Veränderungen in unseren Beziehungen. Gelassenheit hilft uns dabei, zur Ruhe zu kommen, schnell wieder klar zu sehen, unseren inneren Frieden zurückzugewinnen und durch Mitgefühl tiefes Empfinden in unseren Beziehungen zu spüren. Mitgefühl erinnert uns daran, dass alles mit uns selbst beginnt, sodass wir den Moment bewusst nutzen können und in allem eine große Chance erfahren, die die Faszination des Lebens offenbaren wird. So sollten wir unsere Beziehungen nicht nach irgendwelchen Vorschriften und Erwartungen gestalten, sondern in Liebe und Mitgefühl annehmen und genießen. Wer liebt, hat ein aufrichtiges Interesse am Anderen, bemüht sich um seine eigene wie auch um die Freude des Anderen und vermeidet alles, was schmerzen und verletzen könnte. In dieser Selbstwürde und in der Achtung vor der Würde des Anderen lernen wir im Miteinander. Vertrauen und Liebe können wachsen. Wir sollten stets eine hohe Verantwortung für unser Wohlergehen übernehmen und uns über unser Selbst bewusst werden. Denn wenn wir im Einklang mit uns selbst sind, führen wir schon durch unsere Ausstrahlung einen Wandel herbei und können anderen Menschen Vertrauen und Liebe entgegenbringen. Wenn wir ehrlich und aus vollem Herzen »Ja« zu uns selbst sagen können und wenn es uns gelingt, alles an uns ohne Einschränkung zu lieben, überträgt sich diese Liebe auf andere, und eine lichtvolle Gemeinschaft entsteht.

So können wir immer mehr das Wunderbare in unserem alltäglichen Leben erkennen. Wir sollten stets bereit für eine Vereinfachung unseres Lebens sein und mit nichts und niemandem hadern. Dann können wir wieder unsere wunderbaren Fähigkeiten entdecken, die in uns ruhen. Durch die liebevolle Besinnung auf uns selbst können wir unsere lichtvollen Kräfte und unser liebevolles Ich neu beleben, indem wir einfach wir selbst sind und unser Umfeld sowie unsere alltäglichen Aufgaben mit anderen Augen wahrnehmen. Seien wir dankbar für unser Leben, und machen wir uns bewusst, dass alles in unserem Leben seine Vollkommenheit hat. Wir sollten alles vom Herzen angehen, dann können wir in allem wichtige Chancen entdecken. Möge sich die Liebe in uns durch unsere Weisheit ausdrücken.

Konflikte durch falsche Kommunikation

Gute Kommunikation. Eine gute Kommunikation ist von großer Wichtigkeit. Wer gemeinsam klare Ziele und Entscheidungen definiert, kommt auch gemeinsam voran. Missverständnisse entstehen aus mangelndem Interesse und aus dem alltäglichen Stress. So kann es zum Beispiel vorkommen, dass ein Partner eine Idee unterbreitet und der andere, ohne richtig zuzuhören, lapidar mit »Jaja« antwortet und sich dann später wundert, wie sich die besprochenen, aber nicht klar zum Ausdruck gebrachten Dinge entwickeln. Wir müssen uns stets Zeit und Ruhe für Gespräche und wichtige Entscheidungen nehmen und nicht voraussetzen, dass der Andere uns schon verstehen, unseren Willen hinnehmen oder unserer Meinung sein wird. Ein solches Verhalten ist grenzüberschreitend, und der Andere fühlt sich berechtigterweise nicht ernst genommen. Ein klares gemeinsames »Ja« beziehungsweise ein klares »Nein« sind ausdrucksstarke Signale, die Frieden und neue heilsame Wege mit sich bringen. Dabei ist ein gutes Fingerspitzengefühl gefragt. Denn oft gibt es einen Partner, der eher fordert, und einen, der sich eher zurückzieht. Dann kommt es gehäuft zu Missverständnissen in der Kommunikation. Man sollte sich gegenseitig ernst nehmen und aufeinander zugehen. Denn in Wirklichkeit verbergen sich hinter den Auseinandersetzungen oftmals der Wunsch, den anderen zu erreichen, sowie auch der Wunsch nach Liebe und Anerkennung. Deshalb müssen wir miteinander im Gespräch bleiben, um den Anderen zu verstehen. Wir alle brauchen Raum, um unsere Ideen und Sehnsüchte zu teilen. Davon lebt eine Beziehung emotional. So können Unzufriedenheit und Über- oder Unterforderung rechtzeitig erkannt werden und – bevor es zur Explosion kommt – einer gesunden Lösung zugeführt werden.

Klar und vorwurfsfrei kommunizieren. Von großer Bedeutung in allen Beziehungen ist auch eine klare und vorwurfsfreie Kommunikation. Dafür ist eine bedachte Wortwahl sehr hilfreich. Besonders viele Konflikte und Verletzungen entstehen zum Beispiel, wenn man die Wörter »immer« und »nie« benutzt. Da gibt es Sätze wie »Du machst immer alles falsch!« oder »Nie bist du da, wenn man dich braucht!«. Solch vorwurfsvolle Sätze fördern keine kreative Kommunikation. Es ist daher wichtig, jegliche Verallgemeinerung zu vermeiden. Denn oftmals fangen solch geartete Kommunikationen harmlos an und enden in unsinnigen Streitigkeiten, die dann so eigentlich niemand wollte. Diese Art von Vorwurf ist meistens nicht gerechtfertigt und verletzt fast immer das Gegenüber. Aussagen, die absolutistische Wörter wie »nie« oder »immer« enthalten, sind selten objektiv. Sie sind meist einseitig und werden einfach aus dem Moment heraus geäußert. Sie spiegeln eine momentan von einem der Partner empfundene Wahrheit und keine objektiven Ereignisse wider. Der Andere fühlt sich von solchen Aussagen dann häufig verletzt. Denn niemand will in der Achtung des Anderen sinken. So können kleine Worte, gerade in Liebesbeziehungen, eine große Macht entfalten.

Unbewusste Erwartungshaltungen erdrücken eine Beziehung. Oftmals zeigen sie sich auch durch Vorwürfe und Rechtfertigungen. Sätze wie »Das hätte ich an deiner Stelle nie getan!« oder »Das hätte ich von dir nie gedacht!« sind moralische Urteile und erdrücken den Anderen! Nach dem Motto: »Richtig ist es so, wie ich es machen würde. Falsch ist es, wie du es machst.« Hinter dieser Anklage verbirgt sich der tiefe Wunsch, dass unser Partner so sein soll wie wir selbst, damit wir uns nicht allein fühlen. Und das führt zwingend zur »Ent-Täuschung«. Wir sind gezwungen, die Individualität des Anderen zu erkennen, und die eigene Selbsttäuschung tut weh. Wir sollten uns immer wieder vor Augen führen, dass wir uns selbst vergeblich im Anderen suchen. So reiben wir uns durch unsere Unterschiedlichkeit aneinander. In der Vollkommenheit der Liebe liegt auch die Fähigkeit, Ähnlichkeiten und Unähnlichkeiten zu erkennen und zu respektieren.

Konfliktlösung durch Zuhören. Zur Konfliktbewältigung gehört die Fähigkeit, einander zuzuhören und miteinander in Liebe und gegenseitiger Achtung zu kommunizieren. In unserer schnelllebigen Gesellschaft neigen wir oft dazu, auf Probleme schnelle Lösungen präsentieren zu wollen. Doch das allein tut einer Beziehung nicht immer gut. Zum Beispiel beklagt sich die Frau bei ihrem Partner, dass sie die Kinder am Abend schon wieder chauffieren muss, anstatt sich ausruhen zu können. Der Partner nimmt ihr dann zwar schnell diese Aufgabe ab und fährt selbst die Kinder. Doch Zufriedenheit und Harmonie, die einen langfristigen Charakter haben, werden damit nicht hergestellt.

Statt immer gleich eine Lösung parat haben zu wollen, sollte man sich lieber öfter mit dem Partner zusammensetzen, zur Ruhe finden und ihm einmal wirklich zuhören und verstehen, wie er sich fühlt. Denn oft versteckt sich hinter den alltäglichen Problemen unbewusst eine tiefe, emotionale Unzufriedenheit, und das Gegenüber möchte einfach nur mehr wahrgenommen werden. Der Partner möchte, dass man ihm zuhört, ihn, seine alltägliche Arbeit und auch seine Bedürfnisse ernst nimmt und anerkennt. Unsere Gefühle brauchen häufig etwas mehr Zuwendung als nur schnelle Problemlösungen und benötigen auch mehr Zeit.

Oftmals denken wir sehr erfolgsorientiert, dass Probleme dazu da seien, um gelöst zu werden. So liegt es nahe, dass wir auch in der Beziehung sofort nach einer Lösung für das Problem suchen, das uns der Partner präsentiert. Doch an den tieferen Gefühlen geht der Lösungsvorschlag oft vorbei. Der Andere fühlt sich vielleicht schlecht, weil er sich nicht gesehen fühlt. Sie kennen vielleicht den Spruch: »Auch Ratschläge sind Schläge.« So kann es vorkommen, dass die oberflächlichen Probleme zwar schnell aus der Welt zu schaffen sind, wir aber unsere eigenen Probleme und unser Gefühlschaos weiter in uns tragen und einfach weiter funktionieren.

Zuhören bedeutet hingegen: Ich bin für dich da, ich interessiere mich für dich und dein momentanes Anliegen, ich nehme mir Zeit für dich. Du bist mir wichtig. Dies ist emotionale Nähe.

Es ist deshalb von großer Wichtigkeit, dem Partner zuzuhören, ihn zu verstehen und sich in ihn einzufühlen. Dann kann aus dem Verstehen heraus auch eine befriedigende, lang anhaltende Lösung für alle Beteiligten entstehen.

Konflikte durch Untreue

Nur die Hälfte der Partner nimmt es mit der Treue in der Beziehung ernst. Eine 2008 veröffentlichte Studie der Göttinger Georg-August-Universität besagt, dass 55 Prozent der Frauen und 49 Prozent der Männer bereits mindestens einmal untreu gewesen sind. Deshalb ist dieses Thema so wichtig, dass ich es hier aufgreifen möchte.

Erst bei sich schauen. Sexualforscher sind der Meinung, dass der Mensch zwar emotional monogam angelegt ist, jedoch nicht auch sexuell. Trotzdem kann der Mensch bewusst über seinen Umgang mit seinen Empfindungen und Trieben entscheiden. Wenn der Wunsch nach emotionaler Nähe, Anerkennung und sexueller Erfahrung außerhalb der Beziehung vorhanden ist, dann kann man davon ausgehen, dass etwas in der Beziehung nicht stimmt. Wenn einem an seiner Partnerschaft etwas liegt, dann sollte man genauer hinschauen, was darin im Argen liegt, und versuchen, darüber mit dem Partner zu sprechen, seine Empfindungen und Defizite mitzuteilen beziehungsweise im eigenen Leben nach heilsamen Lösungen zu suchen. Lieber vorher innerlich bei sich aufräumen als verletzende Grenzen überschreiten, die nachher nicht mehr oder nur schwer zu reparieren sind. Denn Untreue wird vom Partner als ein sehr einschneidender Vertrauensbruch erlebt. Im Leben geht es primär um emotionale Nähe. In einer Beziehung ist es nicht von so großer Bedeutung, dass man keine Probleme hat, wichtiger ist, wie man mit diesen umgeht.

Es gibt sicherlich viele Gründe für körperliche Untreue. Doch sollten wir dabei bedenken, dass Untreue, lange bevor sie geschieht, bereits in den Gefühlen und Gedanken vorhanden ist. Deshalb stellt sich uns eher die Frage: Wo fühlen wir uns emotional nicht anerkannt und erfüllt und sind deshalb auf der Suche nach dieser Befriedigung im Außen beziehungsweise lenken uns mit anderen von uns selbst und unserer tatsächlichen Thematik ab?

Wo Männer und Frauen anders sind und wo sie gleich sind. Männern traut man in unserer Kultur die Untreue eher zu als Frauen. Man schreibt Frauen ein geringeres Lustpotenzial zu. Unsere Sexualität leidet enorm unter Klischees, die Kultur und Gesellschaft über die Jahrhunderte aufgebaut haben und die in unseren Köpfen gepflegt werden. Frauen gelten dabei als das monogamere Geschlecht. Doch laut wissenschaftlichen Studien denken sie tatsächlich genauso intensiv an Sex wie Männer. Der Gedanke an Untreue entsteht, wenn der Partner im Alltag unaufmerksam wird. Für Frauen sind gemeinsame Gespräche, Anerkennung und Zärtlichkeit wichtige Indizien für das Funktionieren einer Beziehung. Wer das Gefühl vermisst, begehrenswert und interessant zu sein, sucht im Außen die Anerkennung. Vor allem die Flaute im Bett spielt eine große Rolle bei Seitensprüngen. Dabei kommt es nicht auf Häufigkeit und Dauer an, sondern auf Erfüllung und Zärtlichkeit. Forscher der Georg-August-Universität Göttingen fanden heraus, dass 56 Prozent der befragten Frauen sich über unerfüllten Sex beklagen.

Die Sexualität ist eine wichtige Form von intensiver Selbstwahrnehmung, tiefer Empfindungen und starker körperlicher wie emotionaler Nähe. Und auch langfristige Beziehungen können an mangelnder oder unerfüllter Sexualität scheitern. Dies liegt vorwiegend daran, dass das gegenseitige Lustempfinden mit den Jahren abnimmt und teilweise sogar zum Erliegen kommt. Ein lustvolles Empfinden ist bei Frauen oftmals sogar stärker ausgeprägt als bei Männern, aber das Verlangen nach dem eigenen Partner schwindet bei ihnen auch schneller. Dies liegt nicht immer nur an der hormonellen Situation. Frauen sind emotionaler und langweilen sich schneller über eine eingefahrene Routine. Sie tragen darüber hinaus lang gehegte Klischees von Gesellschaft und Erziehung in sich.

Die Erziehung. Von klein auf werden Mädchen und Jungen unterschiedlich erzogen, wenn es um Gefühle, Sexualität oder Beziehungen geht. Mädchen werden eher überbehütet und mit verurteilender Einstellung auf die Sexualität vorbereitet. Jungen gesteht man eher zu, sich sexuell auszutoben und offener fantasieren zu dürfen. So schauen wir uns unbewusst vom gesellschaftlichen Allgemeinbild ab, dass Männern Sex mehr bedeuten darf als Frauen. Mädchen werden eher auf eine emotionale, treue Rolle in der Ehe und auf die Erziehung der Kinder vorbereitet. Das Ziel in diesem gesellschaftlichen Bild sind familiäre Stabilität und gesellschaftliche Kompatibilität in monogamen Beziehungen und nicht die Erfüllung von Bedürfnissen. So wird die Lust bei Frauen oft als unzüchtig abgestempelt und bleibt sogar in vielen Beziehungen aus. Doch sobald Frauen sich frei und nicht beobachtet und beurteilt fühlen, denken sie freizügiger. Diese Erkenntnis in die Beziehungen einzubringen und umzusetzen bedeutet einen wunderbaren Gewinn an Liebe, Nähe und Lebensqualität für beide Partner.

Die Nähe bei Mann und Frau. Was wir auch beachten sollten, ist das unterschiedliche sexuelle Empfinden von Mann und Frau. Frauen erleben Intimität am intensivsten, wenn sie Liebe und emotionale Nähe empfinden, und sind erst dann wirklich bereit, sich auf eine erfüllende Sexualität einzulassen. Männer hingegen erleben beim Sexualakt die stärkste Intimität. Während die Frau sich dem Mann hingibt, fühlt er sich begehrt und angenommen. Die meisten Männer öffnen ihr Herz während oder nach dem Sex, während die Frau es vorher öffnen möchte. Während der Mann Sex möchte, um Liebe zu geben, möchte die Frau Liebe, um Sex zu geben. Dies sollte bei allen gemeinsamen Begegnungen bedacht werden.

So ist es ein großes Problem in vielen Beziehungen, dass durch die moralischen Prägungen von Sexualität körperliche Nähe, Liebe und Vertrautheit schwer einhergehen mit Leidenschaft und Ekstase. Oft bleibt ein Teil davon auf der Strecke. Doch wenn man den Unterschieden und Ähnlichkeiten in der Beziehung Beachtung schenkt und sich in sich wie auch in den Anderen einfühlen kann, so wird man sich auch für sich selbst und für die zwischenmenschliche Nähe mehr Zeit nehmen. So sollten sich Paare ihre Wünsche offen mitteilen, denn ein Partner ahnt selten, welche Leidenschaft und sexuelle Unzufriedenheit im anderen brodeln. Zur Nähe gehören viel Zeit, Ruhe und Zärtlichkeit, um sich jedes Mal bewusst und hingebungsvoll aufeinander einzulassen. So kann sich die Beziehung zu sich selbst intensivieren und heilen, und die Beziehung zum Partner kann neu aufblühen.

Die Gedanken sind frei. Selbstverständlich überlegen gelegentlich sowohl Männer als auch Frauen, wie es wäre, sich auf ein Abenteuer einzulassen. Solche Gedanken sind völlig normal. Aber um den Partner nicht zu irritieren und zu verunsichern, sollte man solche Fantasien besser nicht miteinander teilen. Es ist sinnvoll, die eigenen Fantasien zu akzeptieren, doch auf deren Umsetzung in der Realität besser zu verzichten. Wie ich schon oben sagte: Überlegen Sie sich genau, was Sie tun, denn die Konsequenzen könnten verheerend sein.

Die Frage nach der Treue sollte jeder Mensch bewusst für sich klären. Denn jeder hat eine Wahl, wie er dazu steht und wofür er sich entscheidet. Jeder sollte sich dessen bewusst werden, was ihm Aufrichtigkeit, Ehrlichkeit und Liebe in seiner Beziehung wert sind. Doch manche unbewussten Menschen versuchen, ein geheimes Türchen für sich offen zu halten. Meist wünschen sie sich zwar, dass ihr Partner ihnen treu ist, möchten aber, dass dies nur für den Partner gilt. Vorwiegend sind dies Männer mit einem irritierten weiblichen Aspekt und Frauen mit einem irritierten männlichen Aspekt (siehe Kapitel »Männliche und weibliche Kräfte in uns«, Seite 95).

Ich persönlich halte Treue und Aufrichtigkeit in einer Partnerschaft für sehr wichtig. Denn jeder Partner wie auch Familienangehörige spüren unbewusst und unterschwellig jegliche Irritation, auch wenn sie sie bewusst nicht einzuordnen wissen. So vertraute mir ein Moderator an, dass er es in seiner ersten Ehe mit der Treue nicht sehr ernst nahm. Er erzählte, dass nach jedem Seitensprung am nächsten Tag seine Frau anrief und ihm von der Krankheit eines der Kinder berichtete. Er musste sehr bald erkennen, dass die Erkrankungen der Kinder in einem direkten Zusammenhang mit seinen Seitensprüngen standen. Hier waren es die sensiblen Kinder, die unbewusst ängstlich auf die Eskapaden des Vaters reagierten. Denn diese irritierten selbstverständlich die Harmonie des Elternhauses, was das Geborgenheitsgefühl der Kinder schwächte.

Selbstkontrolle und Verbindlichkeit. Die Fähigkeit zur Selbstkontrolle ist ein zentraler Punkt für die Zuverlässigkeit und Treue in einer Partnerschaft. Denn Menschen, die ihre Emotionen gut kontrollieren können, widerstehen leichter der Versuchung, sich mit Affären vom Wesentlichen abzulenken. In einer erfüllenden Beziehung spielt auch das Pflichtbewusstsein eine wesentliche Rolle. Denn gewissenhaften Menschen fällt es leichter, Fehler und Missverständnisse in einer Beziehung zu benennen, zu korrigieren und Probleme konsequent zu lösen. Diese Stabilität in einem Menschen zeigt sich in seiner Fähigkeit, achtsam und konzentriert zu sein. Ein solcher zuverlässiger Mensch hat auch Geduld und die Fähigkeit, sich zurückzunehmen, er kann auf die Erfüllung seiner Wünsche warten. Menschen, die alles sofort wollen, haben dagegen wenig Geduld, wenig Flexibilität und auch wenig Mitgefühl. Ein vertrauenswürdiger Partner verfolgt seine Ziele, bringt zu Ende, was er angefangen hat, und bleibt auch konsequenter in seiner Beziehung.

Wenn einer sich verweigert. Es kommt in Beziehungen auch vor, dass der eine Partner sich dem anderen sexuell verweigert und trotzdem gleichzeitig erwartet, dass dieser ihm sexuell die Treue hält. Dies hat wenig mit Liebe zu tun. Wenn man sich selbst liebt und aus dieser tiefen inneren Liebe dann auch den Partner, sucht man eher seine Nähe, seine Fürsorge und Liebe. Hier sollten wir in unserem Inneren nach den irritierenden Ursachen suchen. Wenn wir uns selbst von Herzen lieben, können wir auch den Partner von ganzem Herzen lieben und wünschen uns seine Liebe. Wenn wir uns selbst lieben, können wir eventuell auch erkennen, dass wir unserem Partner nicht mehr die nötige Liebe entgegenbringen können. Dann können wir ihn in Liebe freilassen.

Verletzung bei Untreue. Wenn es zu einer Affäre kommt, ist der Partner meist sehr enttäuscht und schockiert. Für viele geht im wahrsten Sinne des Wortes eine Welt unter. Denn in einer Liebesbeziehung, wo »mein und dein« zu einem großen Teil zu einem »wir« verschmelzen, wird nicht nur die gemeinsame Wohnung geteilt, sondern wir konstruieren mit unserem Partner eine gemeinsame Welt, einen eigenen intimen Kosmos. Wir haben in vielen Dingen ähnliche Ansichten und Verhaltensweisen entwickelt. Wir passen uns auf der Gefühlsebene immer mehr an. Ein Fremdgehen zerstört diesen intimen Mikrokosmos. Der Betroffene wird nun seiner konstruierten und sicher geglaubten Eigenwelt beraubt und verliert einen Teil seines Alltagsbewusstseins. Aus diesem Grund führt ein Seitensprung häufig zu Trennung.

Was tun? Der Verursacher bittet dann oft um Vergebung. Doch muss man akzeptieren, dass sich der Betroffene zunächst schlecht fühlt, und je mehr der Andere um Vergebung bittet, umso schlechter kann es ihm gehen. Denn das, was der Andere angerichtet hat, lässt sich manchmal nicht so schnell durch Vergebung heilen. Oft hat der Betrogene sogar das Gefühl, dass er der Grund für den Seitensprung des Partners sei. Man sollte sich aber vor Augen führen, dass Fremdgehen zunächst einmal etwas über den Fremdgänger aussagt. Wenn der betrogene Partner sich das bewusst macht, so kann er sich auf sich selbst und seine Gefühle konzentrieren und die Beziehung sowie die möglichen Gründe für den Seitensprung genauer betrachten. Die Beteiligten haben dann die Chance, sich mit dem eigentlichen Problem auseinanderzusetzen, was wiederum die Beziehung und das persönliche Wachstum stärken kann. Eine Beziehung kann sich weiterentwickeln, wenn man versteht, dass jede Harmonie irgendwann einmal unterbrochen wird und nur ein Perspektivwechsel neue Einsichten, persönliche Stärken und neue Möglichkeiten bringt. Das stärkt dann den inneren Reifeprozess und ermöglicht neues persönliches Wachstum, ganz unabhängig davon, für welche Richtung sich die Beteiligten entscheiden.

Angst als Hintergrund von Konflikten

Der Kern vieler Konflikte in der Partnerschaft hat wie in allen Beziehungen immer auch mit versteckten Ängsten zu tun. Dies sind Ängste, zu versagen, im Leben zu kurz zu kommen, sich nicht verstanden zu fühlen, nicht gesehen zu werden, zu wenig Anerkennung zu erhalten, den Partner zu verlieren usw. Wenn wir das verstehen und uns die Angststrategien unseres Partners vor Augen führen, dann können wir auch darüber konstruktiv sprechen und gemeinsam einen Weg finden. Wenn dies jedoch nicht verstanden wird, so kann oftmals aus einem kleinen »Funken« ein ganzes »Feuer« entstehen. Man muss erkennen, dass jeder von uns unterschiedlich mit den unerwarteten, spontan auftretenden Ereignissen umgeht. Und dass jeder sich auf den Anderen verlassen und in ihm seine Sicherheit und Schutz finden möchte. Wenn sich die Art und Weise, mit Geschehnissen und Ängsten umzugehen, bei den Partnern sehr unterscheidet, kann es zu Schwierigkeiten kommen. Es ist deshalb wichtig, diesen Bereich in der Beziehung nicht auszuklammern. Eine nicht geheilte und dominante Angst – selbst wenn sie nur einen der Partner betrifft – kann beide gleichzeitig schwächen, was sich auf die Harmonie in der Familie, auf die Gesundheit und sogar auf den beruflichen Erfolg auswirkt. Denn Angst verbraucht enorme Energien und kann einen im Leben sehr bremsen.

Der unterschiedliche Umgang mit Angst. Es kann vorkommen, dass der eine Partner sich von seinen Ängsten und Sorgen eher ablenkt, während der andere darüber ausführlich sprechen will. Obwohl sich der Erstere durch die Ablenkung nur zu beruhigen versucht, wirkt das auf den Partner beunruhigend. Und während eine Situation für den einen leicht lösbar erscheint, kann sie auf den anderen bedrohlich wirken. So können sich Partner gegenseitig daran hindern, zur Ruhe und zu Lösungen zu finden, und reagieren möglicherweise gereizt und aggressiv aufeinander. Immer wenn wir uns beim Fällen von richtigen Entscheidungen unsicher fühlen, sind unsere verborgenen Angststrategien im Einsatz. Es ist deshalb hilfreich, wenn man voneinander weiß, wie jeder in der Beziehung mit Angst umgeht. Dann kann man die Reaktionen des Anderen besser verstehen, weiser damit umgehen und sich gegenseitig beistehen. So werden viele Irritationen, Meinungsverschiedenheiten bis hin zu Ignoranz vermieden, und Vertrauen und Harmonie in der Gemeinsamkeit können wachsen.

Eine spirituelle Lebensphilosophie lautet: »Wo Angst ist, will Liebe erwachen.« So sollten wir in unserer Aufmerksamkeit stets auf liebevolle Lösungen ausgerichtet sein. Dies gelingt durch Verständnis und Wertschätzung, die wir uns selbst und dem Partner entgegenbringen. Und dies sollte uns täglich gelingen, denn das, was im Alltag Bestand hat, wirkt auch positiv in herausfordernden Zeiten. So sollten wir jeden Tag Wertschätzung für uns selbst sowie für den anderen spüren und diese auch mit kleinen Gesten zum Ausdruck bringen. Denn Menschen, die sich geschätzt und gesehen fühlen, sind glücklicher in einer Beziehung und auch motiviert, sich noch mehr einzubringen. Unsere Liebe, Verbindlichkeit und Wertschätzung sollten wir vor allem auf der emotionalen Ebene zeigen. Dazu bieten sich viele Gelegenheiten, wie zum Beispiel in einer spontanen und herzlichen Umarmung, in kleinen Aufmerksamkeiten und in einem liebevollen Lächeln.

Konflikte durch Eifersucht

Wahre Herzensliebe ist ein Kind der Freiheit und schafft Vertrauen und Nähe, während Eifersucht ein Kind der Angst ist und Misstrauen, Kontrolle und Manipulation einfordert. Ein gewisses Maß an eifersüchtigem Verhalten kann vollkommen normal sein, denn wenn wir uns in einer liebevollen und stabilen Beziehung befinden, werden wir eifersüchtig reagieren, sollte diese durch einen Dritten bedroht werden. Eine stabile Partnerschaft ist für viele Menschen ein hohes Ideal. Sie gibt Schutz, Nähe, Wärme und ist eine Keimzelle für die eigene Entwicklung. Wer sich in einer liebevollen und friedfertigen Beziehung zu Hause fühlt, wird auch ein Wohlgefühl von Vertrauen verspüren und Glück und Erfolg ausstrahlen. Die Hormonlage pendelt sich entsprechend ein, und Glück, Vertrauen und Erfolg im Inneren spiegeln sich im Außen wider.

Bei der Eifersucht kann sich dieses gegenseitige Vertrauen

nicht aufbauen. Die Gier des einst ungeliebten inneren Kindes fordert Besitz und Kontrolle des Partners ein. Man setzt den Partner unter Druck, konfrontiert ihn mit Misstrauen und entfernt ihn damit erst recht von sich. Und je eifersüchtiger man ist, desto mehr nährt man die Eifersucht, und umso mehr bringt man sich selbst ins Abseits, in die emotionale Einsamkeit, und erstickt die Liebe. Das eigene Selbstvertrauen sinkt zusehends.

Wir sollten viel lieber Vertrauen, Liebe und Zuversicht in unserer Partnerschaft festigen und für jeden Tag dankbar sein, den wir glücklich miteinander verbringen können. Wir sollten täglich unsere Beziehung segnen und uns innerlich bei unserem Partner dafür bedanken, dass er seine Zeit mit uns teilt und unser Leben bereichert. Man sollte sich auch nicht an eine Beziehung klammern mit dem Gedanken, sie müsse ewig halten. Viel wichtiger ist es doch, die Beziehung mit allen Sinnen zu kosten und sich an ihr zu erfreuen, anstatt dauerhaft in Angst zu leben, der Partner könne einem entgleiten und die Gemeinschaft verlassen. Man kann in diesem Gedankengut keine emotionale Nähe empfinden.

Die Lösung lautet hier wie in allen Beziehungsfragen: Selbstliebe, Selbstakzeptanz und Selbstvertrauen (siehe Kapitel »Liebe und Selbstliebe«, Seite 24).

Wir sollten uns in Liebe und Anerkennung unserer Souveränität wie auch der Souveränität des Partners bewusst sein; uns mit ganzem Herzen in eine Beziehung begeben, die lichtvolle und ehrliche Beschaffenheit all unserer Gedanken in die Beziehung einbringen und nichts tun, was den Partner verletzen könnte. Dies birgt die größte Chance, dass auch wir nicht verletzt werden.

Beziehung ist nicht selbstverständlich

Bei vorhandenen Konflikten sollten wir bedenken, dass jede Beziehung, ganz gleich, wie lange sie dauert, wertvoll und nicht selbstverständlich ist. Nicht alle Partnerschaften sind für die Ewigkeit geschaffen, und man sollte deshalb eine »gescheiterte« Beziehung nicht verurteilen sowie alle weiteren Beziehungen nicht erzwingen, sondern stets sich selbst sowie allen Beteiligten nur das Beste wünschen. Es ist weise zu genießen, was man hat, und den gemeinsamen Weg zu schätzen und ihn zu segnen. Eine solche Einstellung bereitet den Boden für Liebe, Fülle und inneren Reichtum immer wieder aufs Neue. Ich wiederhole es an dieser Stelle, weil es so wichtig ist: Eine erfüllende Partnerschaft wird gestärkt, wenn wir erkennen, dass ein Partner nicht dafür da ist, uns unsere Bedürfnisse zu erfüllen. Ein Partner sollte immer ein souveränes Gegenüber mit eigenen Wünschen und Zielen sein. Eine erfüllende Beziehung bedeutet immer, liebevoll zu kommunizieren, Prioritäten zu setzen und Kompromisse zu schließen, anstatt immer nur die Gegensätze zu sehen. So umgeht man typische Fallen und falsche Einschätzungen. Die Unsicherheiten, Überreaktionen, Schuldzuweisungen und Vorwürfe, die eine Beziehung auf Dauer zerstören können, bleiben dann aus.

Exkurs:
Beziehungen in der Familie

Unsere Gesellschaft befindet sich in einem rasanten Wandel, alles wird schnelllebiger und leistungsorientierter. Dabei verschieben sich die Werte immer mehr nach außen, und die Menschen versuchen, im beruflichen Wettbewerb mithalten zu können. Ein Lebensgefühl des Gehetztseins stellt sich ein, Angst vor Versagen und innerer Stress lassen sich immer weniger ausschalten. Die Zeit für sich selbst, für die Familie und für die Kinder wird knapper. Gesellschaftlicher Stand, Ansehen und Einkommen gewinnen zunehmend an Bedeutung und stehen oftmals auf der Prioritätenliste höher als die emotionalen Beziehungen zur Familie wie auch zu den Mitmenschen. Viele Menschen finden keine Balance mehr zwischen Pflicht und Freizeit und werden dadurch immer unzufriedener. Je mehr wir im Außen wollen, desto leerer werden wir im Inneren. Immer selbstverständlicher ist es, Glück, Erholung und Zufriedenheit im Außen – auf Reisen, in Wellnesshotels und oberflächlichen Kontakten – zu suchen, anstatt zur Ruhe zu kommen und voller Dankbarkeit zu erleben und zu genießen, was man in Wirklichkeit hat. So wird der Mensch immer gehetzter, ungeduldiger und kränker, während er sich weiterhin im »Hamsterrad« verliert.

Wechseln Sie Ihre Perspektive. Nur ein konsequenter Perspektivenwechsel kann hier für Abhilfe sorgen. Denn wir finden unser Glück nicht im Anhäufen von Besitz, sondern dann, wenn uns etwas tief berührt und ergreift. Wir möchten auch das Gefühl haben, dass wir selbst jemanden erreichen und etwas Liebevolles bewegen können. So sollten wir uns in unserer Lebensgestaltung vermehrt auf diese Erfahrungen konzentrieren. Dann kann es gelingen, wieder zu einer positiven Work-Life-Balance zu gelangen und Liebe und Stabilität in den zwischenmenschlichen Beziehungen zu erleben. Die Liebe in unserem Inneren macht uns dauerhaft stark. Doch unsere Liebe will in Resonanz, sie will auch im Außen erlebt werden und andere Menschen berühren. Je mehr unser Bewusstsein erwacht, umso mehr und intensiver wollen wir uns über unsere Liebe definieren und im Anderen spiegeln. In unserem Wesenskern sind wir liebevoll und liebenswert und können, ohne dieses zu leben, keine Sinnhaftigkeit und Glückseligkeit leben und erfahren. Die Suche nach Liebe und Glück und nach einem erfüllten Leben erfordert Mut und die Entschlossenheit, den liebevollen und erfüllenden Dingen konsequent mehr Raum zu geben.

Wichtigkeit der Familie. Diesen Raum sollten unsere Liebe und die Familie füllen. Denn die größte Dankbarkeit gebührt unserer Familie. Sie ist das Kostbarste und durch nichts zu ersetzen. Die bereits beschriebenen ethischen, spirituellen und liebevollen Werte ermöglichen es uns, ein Zuhause zu erschaffen, das für uns ein Ort der Ruhe und des Ankommens sein sollte. Es sollte ein Ort sein, zu dem wir gerne nach Hause kommen, an dem wir füreinander da sind und gemeinsam glücklich leben. In einem solchen Zuhause sollten sich alle wohl und sicher fühlen, sich fallen lassen dürfen und so sein, wie sie sind, um neue Kraft für das äußere Leben aufzutanken. Die Familie sollte ein sicherer Verbund sein, sowohl für die Kinder wie auch für die Erwachsenen. Ein Ort der emotionalen Nähe, der Zuverlässigkeit und des Vertrauens. Diese Voraussetzung stärkt alle Beteiligten und bringt eine starke Gemeinschaft hervor. So sollte es in jeder Familie eine Selbstverständlichkeit sein, liebevoll füreinander einzustehen und sich gegenseitig Halt zu geben.

Zeit für die Familie. Da wir im Berufsleben immer schnell und effektiv sein müssen, finden viele nicht mehr zur Ruhe und übertragen diese Hektik und Geschwindigkeit auf die häusliche Gemeinschaft. Wenn wir nicht aufpassen, laufen wir Gefahr, die Muße und die tiefen und liebevollen Qualitäten in unserer Familie zu verlieren. Da mittlerweile selbst die Freizeitaktivitäten von vielen Menschen »optimiert« werden und feste Termine vorgeben, müssen wir, schon zum Wohl unserer Kinder, auch wieder das gemeinsame Zusammensein, gemeinsame Unternehmungen und Spiele, auch das »süße Nichtstun« entdecken. Wir sollten das, was in den zwischenmenschlichen Beziehungen geschehen will, auch wirklich geschehen lassen und das Wunder des Spontanen und Natürlichen in der Gemeinschaftlichkeit wiederentdecken.

Das Leben ist nicht selbstverständlich, und jeder Tag ist ein Geschenk. Gemeinsame Zeit ist meist knapp, denn jedes Familienmitglied hat auch ein Leben außerhalb der Familie und seine Verpflichtungen. Daher ist die gemeinsame Zeit besonders wertvoll, sie sollte geschätzt und ganz bewusst genossen werden. Innerhalb der familiären Zeit sollte man nicht über Arbeit sprechen, auch nicht die Dauer der gemeinsamen Zeit kalkulieren, sondern auf die gegenwärtige Präsenz, auf ihre Intensität und Qualität achten. Zeit für Gemeinsamkeit ist das schönste Geschenk, das man in seine Familie einbringen kann, und somit sollte man jeden Tag und jede Begegnung, ganz gleich, wie alltäglich sie auch sein mögen, schätzen und aufmerksam aufeinander eingehen.

Beziehung geht vor Erziehung. In einer erfüllenden Beziehung zu unseren Kindern sollte der Leitsatz gelten: Beziehung geht vor Erziehung. Beziehung bedeutet, einander zuzuhören, den Anderen wahrzunehmen, seine individuellen Bedürfnisse und seinen Charakter zu verstehen und zu respektieren. Erst wenn das Kind sich von seinen Eltern gesehen fühlt, wenn es ein aufrichtiges Interesse an seiner Person verspürt, ist es für die Eltern erreichbar. Da das Kind sich eher im Seelenbewusstsein zu Hause fühlt als im Intellekt, nimmt es weniger das von uns Gesagte wahr, sondern spürt zwischen den Zeilen das Unausgesprochene. Das Kind nimmt ganz genau wahr, ob seine Eltern sich selbst ernst nehmen und authentisch sind, und reagiert demensprechend. Eine authentische und selbstbewusste Persönlichkeit akzeptiert das Kind eher bei Erwachsenen und nimmt sie als liebevolle Autorität an. Erst dann kann Erziehung auch wirken, und man kann dem Kind einen Weg aufzeigen, bei dem Sozialkompetenz und Kommunikationskultur gelten, denen das Kind auf seine eigene Art und Weise folgen kann.

Eine gute Beziehung zum Kind entsteht nicht einfach nebenbei und auch nicht von allein. Sie benötigt Zeit und aufrichtiges

Interesse am Anderen. Sie benötigt auch eine weise Selbstreflexion, um nicht die eigenen, anerzogenen, irritierenden Kindheitsmuster in das Kind hineinzuinterpretieren – damit würde man Gefahr laufen, die wahre Persönlichkeit des Kindes zu übersehen. Sie benötigt des Weiteren Zeit, um füreinander da zu sein, Zeit für ruhige und spontane Gespräche sowie einen gesunden Rhythmus im Alltag für das Kind. Wichtig sind Ruhe und Zeit auch, um genau zu erspüren, wann etwas das Kind bedrückt, was es bedrückt und was es in dieser Situation benötigt. In unserer schnelllebigen Zeit erwarten viele, dass das Kind sich rasch physisch, emotional, geistig, sozial und schulisch zu entwickeln hat, und übersehen dabei oft das Wesentliche, nämlich das Kind selbst.

Erziehung zu Verantwortung und Unabhängigkeit. Eltern sollten ihre Kinder zu Eigenverantwortung und Unabhängigkeit anleiten. Kinder zu verhätscheln hat nur wenig mit Liebe zu tun. Auch eine rein antiautoritäre Erziehung kann nicht der Weisheit letzter Schluss sein. Es geht um ein gesundes Mittelmaß in der Wegweisung. Eltern versuchen oftmals, das Defizit ihrer Liebe zu sich selbst durch die Liebe zu den Kindern zu kompensieren. Antiautoritäre Erziehung vermittelt dem Kind keine Lebensstruktur, das Kind erfährt keine Grenzen, auf die es im Leben vorbereitet werden muss. Eine solche Form der Erziehung kann dazu führen, dass das Kind als Erwachsener abhängig bleibt. Wir können nicht die Freundin oder der Freund unserer heranwachsenden Kinder sein. Wir müssen als Eltern auf das Wohl ihrer Entwicklung achten und sie auf den rechten Weg bringen und begleiten. In erster Linie müssen wir uns selbst erziehen, und dabei können wir durch unsere Kinder viel lernen. Wir sollten darauf achten, wann das Kind unsere Hilfe braucht und wie viel Unterstützung es benötigt. Wenn wir aufmerksam darauf achten, dass wir nicht zu viel tun, das Kind nicht bevormunden, gestehen wir ihm seine eigene Entwicklung zu und können es begleitend lichtvoll unterstützen.

Denken Sie positiv über Ihr Kind. Die Liebe ist eine starke Kraft und erschafft ein großes Energiefeld zwischen Kind und Eltern. Je mehr die Eltern in ihrer Beziehung und Erziehung den Kindern Liebe und spirituelle Werte vorleben, umso stabiler ist eine Familie. Genauso wichtig ist es, nur Positives über das Kind zu denken. Manchmal höre ich in meinen Kursen Aussagen wie: »Ich mache mir Sorgen über meinen Sohn, darüber, ob er seine Schule, seine Lehre, sein Studium schafft, denn er ist nicht der Intelligenteste.« Mit solchen Gedanken, Empfindungen und Aussagen schwächen die Eltern ihre Kinder und tragen zu einem eventuellen Versagen entscheidend bei. Denn die Kinder schwingen durch und durch mit ihren Eltern und spüren bewusst oder unbewusst, was die Eltern über sie denken. Das negierende Denken der Eltern überträgt sich auf das Kind und verstärkt so seine natürlichen Selbstzweifel. Die Eltern sollten ihre Kinder stets nur mit liebevollen und positiven Gefühlen, Gedanken und Aussagen begleiten und entsprechend motivieren.

Eine klare Rolle der Eltern. Die Qualität einer Beziehung zwischen Eltern und Kindern hängt immer von der Einstellung der Eltern ab, und diese Rollen sollten sich niemals vertauschen. Die Kinder sind immer im Nehmen, sie brauchen und wollen Zuwendung, Liebe und Anerkennung von den Eltern. Eltern sollten dagegen die Gebenden sein. Eltern dürfen sich an ihren Kindern nicht melancholisch festhalten, das würde sie überfordern. Es ist nicht die Aufgabe des Kindes, die Mutter oder den Vater zu stützen. Es ist umgekehrt. Ein solcher Rollentausch ist leider oft zu beobachten.

Herzenswärme für die Kinder. Die Beziehung zu unseren Kleinen ist stets ein Geschenk und sollte auch mit dieser Wertschätzung betrachtet werden. Dann können die liebevollen, spirituellen Werte in unseren Herzen unsere Familien stärken, schützen und erheben. Unsere Liebe, unsere Weisheit, unser Wissen, die inneren Tugenden, unsere Lebenserfahrung und Kraft sind die wertvollen Eigenschaften, die unsere Kinder für die Welt und ihren persönlichen Entwicklungsweg stark machen. Mit diesen Herzenswerten sollten wir stets großzügig umgehen. Großzügigkeit macht unser Herz frei und ermöglicht einen weisen Blick auf die Dinge, voller Liebe und bewertungsfreien Gleichmuts. Wir können dann von den Kindern Selbsterkenntnis erfahren, uns weiterentwickeln und so manches Dogma und einseitige Prägungen hinterfragen. Und unsere Kinder können durch verantwortungsvolle, liebevolle und zuverlässige Eltern gedeihen und im starken Selbst- und Gottvertrauen sein.

Wahre Liebe zum Kind ist Fürsorge, aber eine Fürsorge, die die kindliche Persönlichkeit sich frei entfalten lässt. Es kann passieren, dass Eltern selbst liebesbedürftig sind und die Liebe nicht in sich finden. So können sie leicht in eine Abhängigkeit vom Kind geraten. Kinder werden dann fälschlicherweise als Besitz verstanden und aus einer Haltung des Misstrauens gegenüber der Welt erzogen. Doch wir begleiten das Kind nur, wir sind nicht die »Macher«. Gerade Kinder spiegeln uns und bringen uns an den Puls der Zeit. Sie sind eigenständige Wesen und müssen es auch bleiben dürfen. Sie werden in eine Familie hineingeboren, damit sie von ihr das Leben lernen und ins Leben begleitet werden können.

Sich an die eigene Kindheit erinnern. Wir sollten uns bei allen Unbehaglichkeiten erst einmal mitfühlend in unsere Kinder hineinversetzen, bevor wir ein Urteil treffen. Wir sollten uns stets daran erinnern, wie wir selbst im entsprechenden Alter gewesen sind und uns in einer ähnlichen Situation gefühlt haben. Wie wurde damals in dieser Situation mit uns umgegangen, und wie haben wir darauf reagiert? Welches Verständnis, welche Freiheit, Sicherheit oder Unterstützung hätten wir damals gut gebrauchen können? Liebe und Mitgefühl sind die Antwort auf alles. Das hilft uns, eigene anerzogene Muster zu erkennen, und verhindert, dass wir diese wieder in die eigenen Kinder hineininterpretieren und ihnen dann dieselben oder ähnliche Verletzungen zufügen.

Niemand ist perfekt! Natürlich gibt es keine perfekten Eltern, aber alle können gut genug sein. Kasteien Sie sich nicht für eventuelle Fehltritte. Denn Schuldgefühle machen Sie unglücklich, und das wirkt sich wiederum negativ auf Ihr Kind aus. Konzentrieren Sie sich lieber auf die Liebe. Die Liebe ist der Nährboden, auf dem alles gedeiht.

Balance zwischen Autorität und Freilassen. So entsteht auch eine natürliche Intuition für eine liebevolle elterliche Autorität. Denn aus unserer liebevollen Intuition heraus müssen wir wissen, wann das Kind zuverlässige Grenzen und Regeln benötigt und wann mehr Freiraum angesagt ist. Die Balance zwischen den beiden Aspekten ermöglicht eine Entwicklung zur Liebe und Stabilität. Denn je mehr die Kinder Liebe und Zuverlässigkeit bei ihren Eltern erfahren, umso mehr lernen sie diese Werte kennen und umso mehr werden sie Liebe und Zuverlässigkeit auch in die Beziehung mit sich selbst und später in ihre Partnerschaften einbringen. So können alle Beteiligten in den verschiedenen Altersphasen und Lebenssituationen nur wachsen und gütiger wie auch stärker werden. Es bleibt auch genug Raum für Spontaneität, Flexibilität und Veränderung, die alle Beziehungen in ihrem Wachsen und ihren Wandlungen benötigen. Denn das Leben ist nicht starr, und unsere Einsichten und Meinungen sollten es ebenfalls nicht sein.

Erwachsene Kinder. Die Eltern haben die Aufgabe, ihren Kindern auf die Beine zu helfen, sie liebevoll auf die Welt vorzubereiten und sie schließlich in sie zu entlassen. Die Kinder müssen dann ihren eigenen Weg gehen, nur so können sie auch wirklich ihr Glück finden. Die Eltern haben keine Ansprüche an die erwachsenen Kinder für erbrachte Leistungen. Die Kinder schulden den Eltern nichts. Ebenso sollten die erwachsenen Kinder auch nicht – bewusst oder unbewusst – von den Eltern Liebe, Lob und Anerkennung erwarten. Natürlich tut so etwas in jedem Alter gut, doch ein erwachsener Mensch muss unbedingt in der Lage sein, sich die Liebe und Anerkennung, die er braucht,

selbst durch seine liebevolle Lebensphilosophie und geistige Anbindung zu geben. Die Beziehung zwischen Eltern und erwachsenen Kindern sollte generell geprägt sein von aufrichtiger
Gleichberechtigung und inniger Freundschaft.

Gebet für unsere Kinder

»Liebe lichtvolle geistige Welt.

Bitte hilf mir, meine Elternrolle lichtvoll auszuüben.
Ich weiß, dass ich stark und liebevoll bin.

Liebe Engel meines Kindes, ich bitte um Segen und
Schutz für mein Kind. Auch meine Liebe begleitet es.
Möge jeder seinen erfüllten Weg gehen und in Liebe
mit allem verbunden sein. Amen.«

Schlusswort

Die größte Sehnsucht des Menschen ist die Sehnsucht nach Liebe. Liebe ist friedvoll und leise. Es ist wichtig, im eigenen Bewusstsein und in Liebe zu sich selbst aufgerichtet und in liebevoller Resonanz das Leben zu meistern und somit die Liebe von innen heraus auszustrahlen. Denn das Leben eines jeden Einzelnen ist immer so, wie er es mit seinen Augen gerade sieht.

Die Menschen erwarten oft von der Liebe, dass sie im Außen auf sie zukommt, laut und ekstatisch ist. Sie überhören dabei die wahre und bedingungslose Liebe, die unaufdringlich in der Stille und Ruhe wirkt. Je mehr der Mensch sich in der Hektik, in höchster Anspannung und Aufgeregtheit verliert, umso mehr verliert er sich in einer falschen Vorstellung von der Liebe und übersieht die Feinheit und Sanftheit des Lebens. Ein gewisser Abstand zu den Dingen, Zeit zum Nachdenken und Nachspüren und ein Raum für Besinnung bringen den Menschen dem Wesentlichen näher: sich selbst und seinem liebevollen Herzensempfinden. Diese Augenblicke der Besinnung sind wertvoll, genügen aber nicht allein, um den inneren Frieden zu finden. Dazu brauchen wir mehr gelebte Liebe im Alltag mit der Ausrichtung auf eine liebevolle Lebensphilosophie voller Mitgefühl und Vertrauen, auch unseren Mitmenschen gegenüber. Die gelebte Liebe und Offenheit ermöglichen ein heilsames Miteinander. Dann werden die Menschen sich selbst und ihren Mitmenschen gegenüber zunehmend sensibler, sie können mehr gütige Gefühle empfinden und verstärkt nach Harmonie im Miteinander streben. Wir begreifen, dass jeder Mensch seine eigene Wahrheit im Herzen trägt. Solche Erkenntnisse erfüllen mit Frieden, mit Sicherheit und sind äußerst heilsam. Dann sind liebevolle Beziehungen möglich und bereichernd.

Liebe ist die stärkste Verbindung, doch wir können bedingungslose Liebe nur erleben, wenn wir die Liebe zu uns selbst als die wichtigste Voraussetzung erkennen. Dies ist ausschlaggebend, sowohl für ein erfülltes Leben als auch für einen erfüllten und liebevoll geprägten Austausch mit den Mitmenschen und vor allem für eine erfüllende Partnerschaft. Liebe will ständig neu erschaffen werden, indem wir auf andere zugehen, ihnen unsere Zuneigung schenken, ihnen zuhören und hilfreich zur Seite stehen. Eine liebevolle Lebensphilosophie ist eine Kraftquelle, aus der wir den Weg lichtvoll weitergehen und den Alltag mit unseren Beziehungen vertrauensvoll annehmen können. Mit einer liebevollen Weisheit achten wir auf die nötige Distanz zu allen Ereignissen, Problemen und Beziehungen, um freier zu sein und besser mit allem im Leben umgehen zu können. Eine liebevolle innere Haltung ist Erholung für Leib und Seele, für Körper und Geist und lässt uns alles in einem neuen Licht erscheinen. Sie schenkt uns neue Hoffnung und Zuversicht, erfüllt unsere innere Sehnsucht und macht uns unseren Platz in Gottes Schöpfung bewusst. Jede Beziehung ist ein wahres Geschenk im Leben. Liebevolle und aufrichtige Beziehungen sind wichtig für die innere Balance. Dies setzt aber zunächst eine liebevolle und aufrichtige Beziehung zu uns selbst voraus. Im Miteinander und in der gegenseitigen Resonanz können wir uns und unsere Möglichkeiten erkennen und herausfinden, was uns und unsere Liebe ausmacht und wozu wir fähig sind. Jede Beziehung beinhaltet eine große Chance, mehr über uns selbst zu erfahren sowie Toleranz, Achtung und Rücksicht zu üben. Wir lernen, allem in Liebe zu begegnen und der Liebe einen Ausdruck zu verleihen.

Dies ist allerdings nicht immer einfach, denn wir leben in der konstruierten Welt einer Leistungsgesellschaft und folgen oft gewohnheitsgemäß, bewusst wie auch unbewusst, vorgegebenen und oberflächlichen Werten. Doch genau das trennt uns von der Ganzheit, von unserer inneren Mitte und Balance sowie von der Verbundenheit mit Gott. Viele Menschen sind vordergründig darauf bedacht, Akzeptanz und Anerkennung zu bekommen, und wer andere Werte lebt, steht in unserer Gesellschaft häufig im Abseits. Deshalb verhalten wir uns oft so, wie wir glauben, dass es die anderen von uns erwarten. Wir neigen dazu, eine für uns gesellschaftlich und moralisch vorgegebene Rolle zu spielen. Dies geht dann zu Ungunsten unserer Freiheit, unserer individuellen Fähigkeiten und unserer Kreativität. Im schlimmsten Fall verlieren wir irgendwann auch den Kontakt zu uns selbst, zu unserer wunderbaren und einzigartigen Persönlichkeit und somit auch zu unserem liebevollen Herzen.

Wir wurden alle als individuelle Originale geboren und sollten auch aufgerichtet und stolz als solche kraft- und lichtvoll wirken, uns zur Liebe hin entwickeln und nicht als Kopien unser Dasein fristen. In unserer Gesellschaft glauben viele, dass Leistung, Anerkennung und Erfolg im Außen sowie das Anhäufen von Besitztümern das Wichtigste im Leben sei. Solche Menschen betrachten und beurteilen die Welt aus einem rein rationalen Blickwinkel, um sich so von Gefühlen unabhängig zu machen. Es gibt sogar Menschen, die Gefühle für unlogisch halten. Eine solche konstruierte und nur scheinbare Unabhängigkeit entspricht jedoch lediglich der Vorstellung dieser Menschen und nicht der Wirklichkeit oder der göttlichen Vorsehung. Der Intellekt wird in unserer Gesellschaft überbewertet. Er kann zwar die Verbindung zu Gedanken und Vorgängen erschaffen, hat jedoch keinen Zugang zu Liebe und Empathie. Doch Liebe und Empathie sind existenziell für die Entwicklung der Seele und des Glücks eines jeden Einzelnen. Das Empfinden von Ruhe, innerer Liebe, Frieden und In-Gott-zu-Hause-Sein entspricht der Vorsehung der Schöpfung und der Liebe Gottes.

Jeder Mensch sollte in Achtsamkeit erkennen, wie weit er sich selbst und andere lieben kann und wie weit er in sich und in Gott zu Hause ist beziehungsweise wie weit er sich davon entfernt hat. Wenn wir in Achtsamkeit und Bewusstheit unsere blockierten Emotionen und ein daraus resultierendes falsches Weltbild erkennen, dann finden wir alle wieder den Weg zum Licht, zur Liebe und zu Gott. In diesem Zustand herrschen tiefer Frieden, Glück und Heil. Wir können somit dem Leben einen licht- und liebevollen Sinn geben und das Schicksal bewusst und in göttlicher Anbindung mitgestalten.

Viele Menschen haben leider ein Problem damit, ihren wahren Wesenskern zu erkennen, und unterdrücken ihre Gefühle. Sie verhalten sich zwar freundlich und angepasst, sind jedoch innerlich unzufrieden. In ihnen lebt unterschwellig der Wunsch nach Veränderung, nach Anerkennung oder nach einem Vorteil für sich. Doch wenn wir Gefühle verdrängen, dann entstehen Probleme. Denn dieses oft unbewusste Verhalten führt zu einer Abspaltung aus der Ganzheit und zu einer Leere im Inneren. Der Zugang zum Herzen und zur lichtvollen Quelle geht verloren, denn diese Form der Lebensführung nährt nicht unser Seelenheil. Statt voller Liebe, Licht und Freude sind solche Menschen emotional meist abgestumpft. Von außen kann man dies lange nicht erkennen, da solche Menschen ja meist freundlich wirken.

Betrachtet man den extremen Konsum von Psychopharmaka, kann man unschwer erkennen, dass in unserer sozialen Gesellschaft etwas Entscheidendes aus den Fugen geraten ist. Die Liebe wie auch die Empathie als Fähigkeit, sich in den Anderen hineinzuversetzen, geht dabei immer mehr verloren. Doch genau dies ist wichtig für das Erkennen der eigenen Persönlichkeit. Es ist für die innere Zufriedenheit, das innere Glück, das Erstrahlen in seiner wahren Schönheit und Individualität von großer Bedeutung, sich in Gott zu erkennen und die Herzensquelle der Liebe in sich zu finden. Daraus resultieren ein gesundes Selbstwertgefühl sowie Wertschätzung und Mitgefühl anderen gegenüber, und man erkennt sich als Ganzes in der Einheit. Viele Menschen erlitten in ihrer Kindheit Liebesentzug oder eine Mischung aus Liebe und Nichtliebe. Da der Mensch das Menschsein vom Menschen lernt, sind viele unfähig geworden, mit ihren Gefühlen richtig umzugehen. Menschen, die in Liebe und Zärtlichkeit ihre Kindheit erfahren durften und nicht einem Gehorsamkeits-, Erwartungs- und Leistungsdruck unterworfen waren, haben es leichter und hegen auch weniger Zweifel an Gottes Schöpfung. Für jeden Menschen aber lässt sich das Leben lichtvoll und farbenfroh und voller Liebe und Zuneigung durch unseren individuellen freien Willen gestalten.

Nutzen Sie Ihren freien Willen, Ihre Kraft und Ihre geistige Anbindung, um eine starke Selbstliebe, ein starkes Selbstwertgefühl und eine ebenso starke Liebesfähigkeit zu entwickeln. Nutzen Sie die Stille und die meditativen Momente, um bewusst auf das eigene Herz zu hören, um das eigene lichtvolle und heilige Innere wahrzunehmen und immer liebevoller und verständnisvoller zu leben. Es ist so wichtig, sich selbst zu akzeptieren, sich selbst zu lieben, sich seiner selbst, seines wahren göttlichen, liebevollen und glücklichen Selbst, bewusst zu sein. In sich hinein zu spüren ist der Schlüssel, um die Liebe zurückzugewinnen und den Prozess der Selbstentfremdung zu unterbrechen, der zu Disharmonie, Unzufriedenheit und Partnerschaftsproblemen führen kann. Uns mit all unseren Schwächen anzunehmen und die Schwächen anderer zu respektieren ist ein weiterer Schlüssel. So können wir uns selbst und andere lieben – als lichtvolle und vollkommene Individualität. In diesem individuellen Liebesbewusstsein und der Erfüllung von wahren Werten sind wir nicht mehr auf der Jagd nach materiellen Gütern und Anerkennung, die uns am Ende nur selbst schaden. Denn je mehr wir der Anerkennung hinterherlaufen, umso mehr Stress und zerstörerisches Potenzial baut sich in uns auf. Je mehr wir zu unseren Gefühlen und unserer liebevollen göttlichen Natur stehen, desto besser und liebevoller können wir mit uns und mit anderen umgehen. Wir können besser miteinander leben, weil wir verstehen, dass da, wo Liebe ist, Gott ist. Liebe und Nähe ermöglichen friedvolle Stille, in der unser Verstand zum Schweigen kommt und das Göttliche erblickt werden kann. In diesem Zustand kann sich alles heilsam gestalten.

Haben Sie keine Angst vor dem Loslassen der Kontrolle, denn Kontrolle bedeutet Angst. Und wo Angst ist, will Liebe erwachen. Lassen Sie sich in Liebe und mit Zuversicht auf das innere Erwachen ein, dann sind Sie ganz im Frieden mit sich, mit Ihren Lieben und der Schöpfung. Diese Herzlichkeit bewirkt einen dauerhaften Wandel. Es gibt dann keinen Weg mehr zurück in den alten Schmerz und in die alten Verhaltensmuster, denn ein solcher Weg führt, einmal eingeschlagen, nur nach vorne, in die Liebe und das Licht.

Seien Sie dankbar für Ihre Erkenntnisse sowie für Ihr Leben, das Ihnen ermöglicht hat, diese Erkenntnisse erleben zu können. Dankbarkeit ist der Schlüssel zu Harmonie und Glück. Dankbarkeit und Zuversicht sind Kräfte, die uns aus Stagnation und Ohnmacht hinausführen, uns in Bewegung halten und Erneuerung bringen. So kann Neues, Liebe- und Freudvolles bei uns Einzug halten. Dies wiederum bringt Licht in unsere Seelen und lässt uns das Leben als ein wunderbares Abenteuer entdecken. Spüren Sie Liebe und Dankbarkeit in jedem Augenblick des Lebens, lassen Sie sich davon mit Wohlgefühl erfüllen, spüren Sie die wohltuende und heilsame Energie der Wärme in Ihnen, und genießen Sie sich selbst in der glückseligen Gegenwart.

Eine große Hilfe, um in die Stille und den inneren Frieden zu finden, bietet uns Gottes Schöpfung auch durch die Natur. Denn dort können die Gedanken am besten zur Ruhe kommen, und wir können Gottes Allgegenwart begegnen, indem wir uns auf das Wesentliche, nämlich auf das Jetzt, besinnen und uns nicht in der eigenen Fantasie der Vergangenheit oder der Zukunft verirren.

Seien Sie eins mit sich und Gottes Schöpfung, und achten Sie auf Ihre Gedanken und auf Ihre inneren Empfindungen. Erkennen Sie die Schönheit in sich, und seien Sie bereit, das Schöne auch im Außen zu erkennen. Spüren Sie Liebe und Begeisterung fürs Leben in sich, erkennen Sie Ihr wunderbares Wesen, und geben Sie sich dem heilsamen Fluss des Lebens hin. Erleben Sie Liebe, Zufriedenheit und Friedfertigkeit in Ihrer Seele – mit allem, was ist –, und genießen Sie das Leben mit allen Sinnen.

Seien Sie bereit, sich selbst Aufmerksamkeit und Interesse entgegenzubringen. Suchen Sie dafür die Stille, denn die Stille offenbart uns, dass die Welt viel größer ist als unsere Gedanken. Öffnen Sie sich für den Augenblick des Lebens, und erleben Sie den Zauber des Moments. Erkennen Sie sich als ein vollkommenes Ganzes. Frieden ist überall um uns herum, und sobald wir lernen, aus diesem inneren Frieden heraus unser Leben zu gestalten, können Transformation und Heilwerdung auf allen Ebenen geschehen. Wertschätzung, Akzeptanz und liebevolles Verständnis in einer guten Beziehung sind untrennbar mit der Achtsamkeit für den gegenwärtigen Augenblick und der Verbundenheit mit der ganzen Schöpfung verknüpft. Finden Sie die Liebe und Freude in sich, und lassen Sie sich auf freudvolle Dinge und die Liebe in Ihrem Leben ein. Freude, Liebe, Nähe und gemeinsames Lachen wirken gegen Zweifel und Stagnation, verbessern unser Wohlbefinden und lassen die Energie lichtvoll fließen. Fröhliche, positive Menschen sind energiegeladener und aktiver. Machen Sie sich immer wieder aufs Neue bewusst: Sie haben die Freiheit zu entscheiden, ob Sie im zweifelnden Gedankengut stecken bleiben oder in Freude, Zuneigung und Liebe vorwärtsgehen. Ihr Umfeld wird es Ihnen danken und mit Freude, Zuneigung und Liebe antworten.

Hinweise zur Autorin

Bisher erschiene Werke von Jana Haas

Engel und die Neue Zeit: Heilwerden mit den lichten Helfern. Berlin: Allegria, 2008.

Engel Karten: 44 Lichtbotschaften mit Anleitung. Berlin: Allegria, 2008.

Heilung mit der Kraft der Engel: Das Praxisbuch zum energetischen Heilen von Körper und Seele. München: Knaur, 2009.

Erzengel und das neue Zeitalter: Ihre Kraft für persönliche Entwicklung, Beziehungen und Gesundheit nutzen. München: Knaur, 2009.

Mit den Engeln durch das Jahr: 365 himmlische Botschaften. München: Knaur, 2009.

Schutzengel: Wie uns die himmlischen Begleiter zur Seite stehen. München: Knaur, 2010.

Meditations-CD: Schutzengel. München: Knaur, 2010.

Fragen an Gott und die Engel: Wie uns Gottes Weisheit und Antworten der Engel im Alltag helfen. Berlin: Allegria, 2011.

Jenseitige Welten: Die Reise der Seele ins Licht. München: Knaur, 2012.

Himmlisches Wissen. Ein erfülltes Leben mit Hilfe der Engel. München: Knaur, 2013.

Der Seelenplan. Was unser Schicksal bestimmt. München: Trinity, 2014.

Heilen mit der Göttlichen Kraft: Aktiviere deine inneren Heilkräfte mit Cosmogetic® Healing. München: Trinity, 2015.

Kontakt

Jana Haas
Hubenmühle 4
D-88634 Herdwangen-Schönach
Tel. +49-(0)7552-938399
Fax +49-(0)7552-938626
www.jana-haas.com

Jana Haas – Kinderhilfe in Russland e.V.

Vorrangiges Ziel des gemeinnützigen Vereins ist es, in Russland
Projekte zu unterstützen, um behinderten Kindern und Jugend-
lichen, die dort keine Lebensperspektiven haben, ein menschen-
würdiges Leben zu ermöglichen. Alle eingehenden Spenden gelangen zu 100 % zu den Empfängern.
Näheres unter: www.janahaas-kinderhilfe.de

Spendenkonto bei der Sparkasse Bodensee
Jana Haas – Kinderhilfe in Russland
Konto-Nr.: 24 66 28 01
BLZ: 690 500 01
IBAN: DE79 6905 0001 00 24662801
SWIFT-BIC: SOLADES1KNZ
Jana Haas – Kinderhilfe in Russland e.V.
Hubenmühle 4
D-88634 Herdwangen-Schönach
Tel. +49-(0)7552-938399
Fax +49-(0)7552-938626

Heilung durch spirituelle Verbundenheit

Jana Haas

HEILEN MIT DER GÖTTLICHEN KRAFT

Aktiviere deine inneren Heilkräfte
mit Cosmogetic® Healing

TRINITY

Gebunden mit Schutzumschlag, 232 Seiten,
ISBN 978-3-95550-119-8

Jeder von uns verfügt über alle Selbstheilungskräfte, die notwendig sind, um dauerhaft körperlich und seelisch gesund zu bleiben. Jana Haas zeigt, wie wir sie gezielt aktivieren: durch Energie- und Bewusstseinsarbeit, vor allem aber durch Liebe, Glaube und Urvertrauen. Wenn wir uns mit der göttlichen Quelle verbinden, können wir auf allen Ebenen Heilung erfahren.

TRINITY